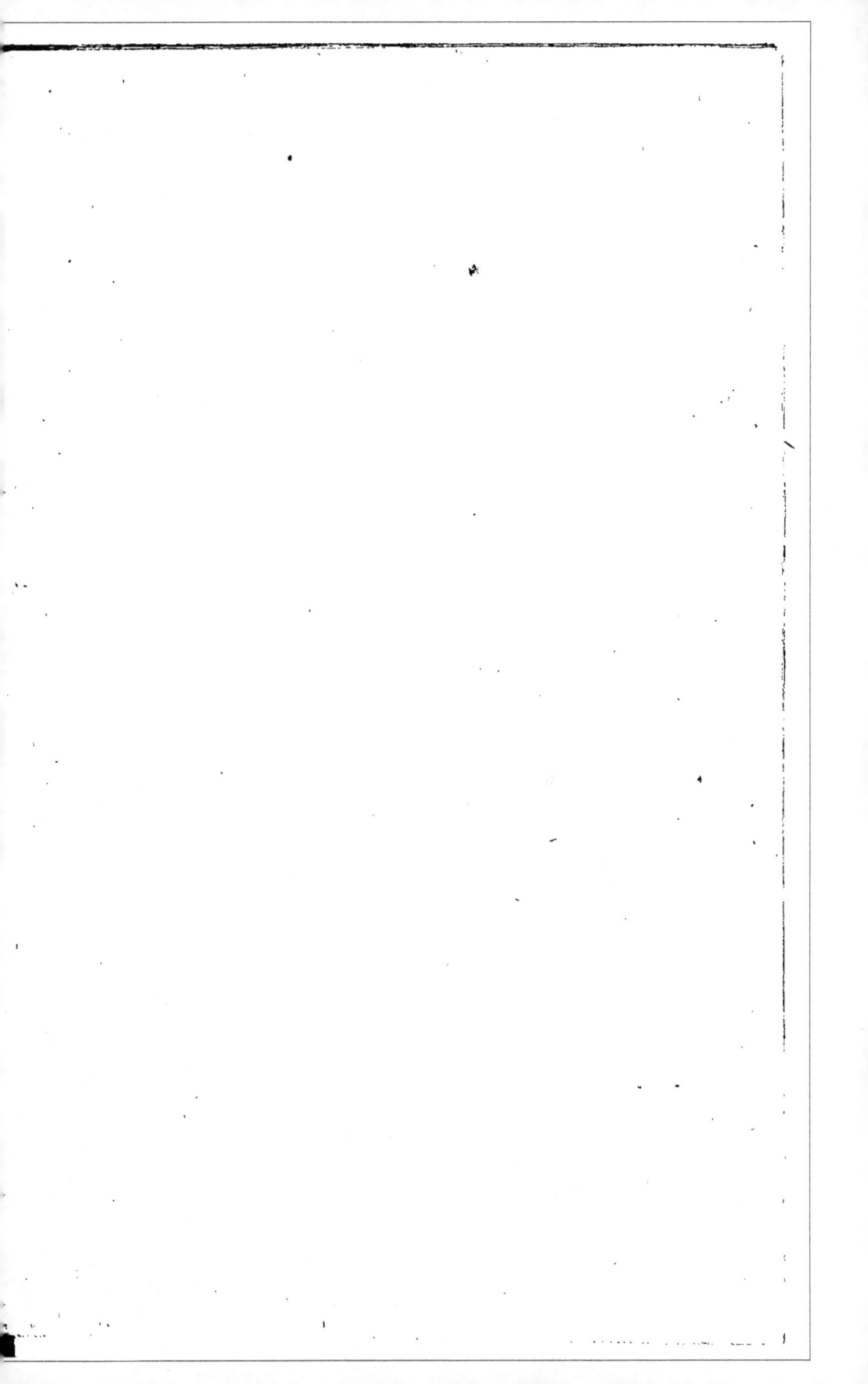

NOTICE

DES ESTAMPES

EXPOSÉES

A LA BIBLIOTHÈQUE DU ROI.

NOTICE

DES ESTAMPES

EXPOSÉES

A LA BIBLIOTHÈQUE DU ROI;

CONTENANT DES RECHERCHES HISTORIQUES ET
CRITIQUES SUR CES ESTAMPES ET SUR LEURS
AUTEURS;

Précédée d'un Essai sur l'Origine, l'Accroissement et la
Disposition méthodique du Cabinet des Estampes.

~~~~~~~~~~~~~

A PARIS,

CHEZ {
LEBLANC, Imprimeur-Libraire, Abbaye St.-
Germain, rue Furstemberg, N.o 8 *ter;*
DELAUNAY, Libraire au Palais-Royal.

~~~~~~~~~~~~

1819.

AVERTISSEMENT.

Il existe en Europe un grand nombre de
Bibliothèques, mais ce n'est que dans celles
de Vienne, Munich, Dresde, Londres et Paris,
qu'il se trouve des Collections d'Estampes. Le
goût des arts est maintenant si répandu, qu'il
semble étonnant que les établissemens de cette
nature ne soient pas plus nombreux et plus
anciens. Ce n'est que vers la fin du règne de
Louis XIII que M. Maugis, abbé de Saint-
Ambroise, imagina, le premier, de former des
Recueils de Gravures: il lui fut d'autant plus
facile d'en réunir un grand nombre, qu'il ne se
trouvait pas de concurrens pour les lui disputer. Après sa mort, les Estampes les plus précieuses de son Cabinet vinrent enrichir celui
de M. Delorme; c'est là que M. de Villeloin,
abbé de Marolles, qui avait le même goût,
acquit, pour mille louis, ce qu'il trouva de
plus rare et de plus beau dans ce cabinet,
afin d'en augmenter le sien. Colbert à qui

a

la France doit tant de reconnaissance, Colbert
qui protégea tous les établissemens utiles, au
moment même où il venait de transporter la
Bibliothèque, de la rue de la Harpe dans la
rue Vivienne, voulut encore lui donner une
richesse à laquelle on n'avait pas songé jusqu'à
lui : il fit acheter, en 1667, la Collection d'Estampes de l'abbé de Marolles, dont le Catalogue venait d'être publié, et qui se composait
de quatre cent quarante volumes contenant environ cent vingt-cinq mille Estampes.

C'est là l'origine et le fondement du Cabinet
des Estampes, dont la création n'eut pourtant
lieu que long-temps après, ces Recueils ayant
d'abord été placés avec les autres Livres, au
département des Imprimés. D'autres augmentations vinrent successivement se joindre à
cette première acquisition ; les plus importantes sont celles des Cabinets de Gaignières,
en 1711 ; de Beringhen, en 1731 ; du maréchal
d'Uxelles, en 1753, et de Bégon, en 1770. Indépendamment de ces Collections qui furent
achetées en entier, M. Hugues-Adrien Joly,
garde du Cabinet des Estampes depuis 1752
jusqu'en 1792, n'a cessé d'employer tous ses

soins pour faire des acquisitions, dans lesquelles il a toujours été dirigé par un goût
sûr et des connaissances très-étendues. C'est
à M. Joly, son fils, qui lui a succédé, qu'on
doit l'agrément de voir exposer un Choix
d'Estampes, qui peut donner une idée de
l'Histoire de la Gravure, depuis son origine
jusqu'à nos jours.

Quelque brillante que soit cette exposition,
ce n'est pas seulement par elle, qu'on doit juger
de la richesse de cette immense collection. Son
utilité est universellement reconnue par les
amateurs qui y admirent un grand nombre de
Pièces rares; par les artistes qui viennent s'y
inspirer en parcourant les œuvres des grands
Maîtres; par les gens de lettres qui y trouvent
des renseignemens exacts sur les costumes,
les monumens et les pays dont ils traitent
dans leurs ouvrages; et par les savans qui y
voyent réunies les diverses figures, médailles
ou pierres gravées, dont ils ont besoin pour
orner leurs dissertations et leurs mémoires.

Une aussi nombreuse Collection d'Estampes
et d'Ouvrages à Figures avait nécessairement
besoin, pour être classée, d'une méthode claire

et précise, au moyen de laquelle il fût facile de retrouver les ouvrages, et qui permît d'intercaler ceux qu'on pourrait acquérir par la suite.

M. de Heinecken avait publié en 1771, sous le titre de *Idée générale d'une Collection complette d'Estampes*, un système suivant lequel était rangé le Cabinet de Dresde, et où les Estampes et les Ouvrages à Figures se trouvent divisés en douze classes. En 1783, M. Joly père avait adopté cet ordre; mais les augmentations importantes qui eurent lieu depuis, et celles bien plus considérables encore, qui furent faites en 1797, après que M. Joly, son fils, l'eut remplacé, nécessitèrent une nouvelle classification dans laquelle on fit plusieurs changemens.

Le système de M. de Heinecken servit de base; mais les classes furent portées à 24, et rangées dans un autre ordre; une lettre majuscule fut adoptée pour chacune d'elles; une lettre minuscule indiqua les sous-classes, qui furent aussi nombreuses que l'exigeait la matière; puis on donna des numéros à chaque ouvrage pour désigner la place qu'il dut occuper dans la sous-classe à laquelle il appartenait.

Nous avons pensé qu'il pouvait être agréable de connaître la méthode adoptée pour la classification du département des Estampes de la Bibliothèque du Roi, puisqu'elle peut servir également à ranger une Collection moins nombreuse, en supprimant seulement la lettre des sous-classes. Sans entrer dans aucun détail, nous allons donner les titres de chaque division, avec les lettres qui leur appartiennent.

DISPOSITION MÉTHODIQUE

DU CABINET DES ESTAMPES

DE LA BIBLIOTHÈQUE DU ROI.

A   Galeries, Cabinets et Collections des Souverains et des Particuliers, Singularités de l'art du Dessin et de la Gravure.

Aa Galeries et Cabinets de France.
Ab —— d'Italie et du Midi de l'Europe.
Ac —— d'Allemagne et du Nord.
Ad Vitraux, Tapisseries et autres Singularités de l'Art.

B   Écoles d'Italie et du Midi.

Ba   Ecole florentine.
Bb   —— romaine.
Bc   —— vénitienne.
Bd   —— lombarde.
Be   —— génoise, napolitaine, espagnole.

C   Ecoles germaniques.

Ca   Ecole allemande.
Cb   —— hollandaise.
Cc   —— flamande.
Cd   —— anglaise.

D   Ecoles françaises.

Da   Ecole française ancienne, *depuis l'origine jusqu'à Rigaud, en* 1660.
Db   —— française moderne, *depuis Antoine Coypel, en* 1661, *jusqu'à nos jours* *.

E   Graveurs.

Ea   Graveurs anciens de divers pays, nommés *vieux Maîtres*.
Eb   —— d'Italie.

---

* On pourrait diviser cette sous-classe en l'arrêtant à Jean-Baptiste-Marie Pierre, 1710, et en mettant sous la lettre Dc une troisième division de l'Ecole française, commençant à Joseph-Marie Vien, 1715.

Ec Graveurs allemands, hollandais, fla-
        mands, anglais*.

Ed —— français anciens, depuis l'ori-
        gine jusqu'à Drevet.

Ee —— français modernes, depuis
        Daullé jusqu'à nos jours.

F Sculpture.

Fa Œuvres des Sculpteurs.
Fb Recueils de Statues.
Fc —— de Bas-Reliefs.
Fd —— de Pierres gravées.

G Antiquités.

Ga Collections générales.
Gb —— particulières.
Gc Antiquités de Rome.
Gd —— de divers pays.
Ge Médailles antiques.

H Architecture.

Ha Œuvres des Architectes français.
Hb —— —— étrangers.
Hc Grands Monumens.
Hd Mélanges et Détails d'Architecture.

---

* Les sous-lettres dans la classe des Graveurs, rappelant
la lettre des Ecoles auxquelles ils appartiennent, on n'a
pas cru devoir diviser les pays qui se trouvaient compris
dans la classe C.

I Sciences Physico-Mathématiques.

Ia Arithmétique, Géométrie, Perspective, Mécanique.
Ib Physique et Chimie.
Ic Hydraulique et Navigation.
Id Art militaire.
Ie Histoire militaire.

J Histoire Naturelle.

Ja Traités généraux.
Jb Zoologie.
Jc Botanique, Collections générales.
Jd ———— ———— particulières.
Je Minéralogie.
Jf Anatomie.

K Arts Académiques.

Ka Education générale, Jeux instructifs, Thèses.
Kb Principes d'Ecritures, Caractères divers.
Kc Principes de Dessin.
Kd Danse, Musique.
Ke Manége, Equitation.
Kf Escrime, Maniement d'Armes.
Kg Course, Lutte, Natation, etc.
Kh Jeux d'Echecs, de Cartes, etc.

L Arts et Métiers.

M Encyclopédies.

N Portraits.

Na Portraits de France.
Nb —— d'Italie et du midi de l'Europe.
Nc —— d'Allemagne.
Nd —— d'Angleterre , du Nord et des
Régions lointaines.
Ne —— reliés; Collections générales.
Nf —— —— . —— particulières.

O Costumes.

Oa Costumes de France.
Ob —— d'Europe.
Oc —— d'Ordres religieux et militaires.
Od —— Orientaux et des Régions loin-
taines.
Oe —— Chinois.

P Prolégomènes historiques.

Pa Tables Chronologiques et Généalogiques,
Calendriers.
Pb Monnaies, Médailles modernes, Sceaux.
Pc Blasons.
Pd Cérémonies et Fêtes publiques.
Pe Pompes funèbres.

Q Histoire.

Qa Histoire ancienne.
Qb —— de France.

b

Qc Histoire d'Italie et du Midi.
Qd —— d'Allemagne et autres Pays sep-
tentrionaux.
Qe Livres historiques.

R Hiérologie.

Ra Bibles.
Rb Ancien-Testament.
Rc Nouveau-Testament.
Rd Saints et Saintes.
Re Lithurgie, Histoire-Ecclésiastique.

S Mythologie.

Sa Collection Mythologique.
Sb Livres mythologiques.

T Fictions.

Ta Poésies.
Tb Théatres, Romans.
Tc Fables, Chansons.
Td Allégories, Iconologie.
Te Emblêmes mystiques et moraux.
Tf Rébus, Calembourgs, Jeux d'Esprit,
Caricatures.

U Voyages.

Ua Voyages historiques.
Ub —— pittoresques.

V Topographie.

Va   Topographie de France.
Vb   ——   d'Italie et du midi de
     l'Europe.
Vc   ——   d'Allemagne et du Nord.
Vd   ——   des régions lointaines.
Ve   ——   reliée, de France.
Vf   ——   —— d'Italie et du Midi.
Vg   ——   —— d'Allemagne et du
     Nord.
Vh   ——   ——des Régions lointaines.

X Géographie *.

Y Bibliographie.

Ya   Histoire de l'Art et Biographie des Artistes.
Yb   Catalogues raisonnés des Collections et
     des OEuvres.
Yc   Catalogues et Inventaires du Cabinet.
Yd   Catalogues de ventes d'Estampes, Dessins,
     Tableaux.
Ye   Catalogues de ventes de Livres.
Yf   Livres auxiliaires.

On peut évaluer à douze cent mille le
nombre des Estampes contenues dans les

---

* Toute cette classe a été transportée au Département
des Imprimés.

cinq mille cinq cents volumes ou porte-feuilles dont nous venons de donner la classification.

Les personnes qui désireront voir quelques volumes pourront demander de préférence dans les *Écoles d'Italie*, les Œuvres de Michel-Ange Buonarotti, Raphaël d'Urbin, Tiziano Vecelli, Antoine Allégri, les Carrache, Dominique Zampieri et Guido Reni; *en Allemagne*, Albert Durer et Holbein; *dans les Pays-Bas*, Lucas de Leyde, Rembrandt, Rubens et Van Dyck; *en France*, Poussin, Le Brun, Le Sueur et Rigaud. *Parmi les Graveurs étrangers*, les Œuvres de Marc-Antoine Raimondi, Hollar, Crispin de Pas, Goltzius, Bloemaert, Romain de Hoogue; *parmi les Français*, ceux de Callot, Mellan, Silvestre, Nanteuil, Picart, Le Clerc, Edelinck, Audran, Le Bas, Wille et Moreau.

Dans la classe d'Histoire naturelle, on pourrait voir avec plaisir plusieurs ouvrages coloriés avec soin, représentant des oiseaux ou des plantes, parmi lesquels on peut distinguer les Pigeons de Mme Knip, les Oiseaux de Paradis de Levaillant, les Fleurs de Prévost, et les Liliacées de Redouté.

Les Portraits, au nombre de cinquante-cinq mille, sont divisés dans chaque pays, suivant leur état ou leur profession, et classés par ordre chronologique, lorsque leur rang leur assigne une date certaine dans l'histoire, et par ordre alphabétique, lorsque leur profession ne laissait pas d'autre moyen.

La suite des costumes de différens pays et de divers siècles ne sera certainement pas vue sans intérêt, ainsi que l'Histoire de France en quatre-vingts porte-feuilles. Mais un autre recueil que M. Joly a cru devoir former avec d'autant plus de soin, que jusqu'à lui personne n'avait eu cette pensée, est la collection mythologique, dans laquelle sont réunis tous les monumens antiques et les Sujets modernes ayant rapport aux Dieux de la Fable, et formant ainsi une histoire du paganisme et des premiers temps de la Grèce.

La Collection topographique est également très-curieuse ; elle a pris aussi, sous la direction de M. Joly, un tel accroissement, que la ville de Paris qui, dans le Cabinet de M. de Gaignières, ne formait que huit porte-feuilles, en occupe maintenant trente-quatre.

Quelques personnes peut-être auraient désiré avoir un Catalogue raisonné des Estampes les plus rares et les plus précieuses, avec toutes les remarques que l'on connaît sur chacune d'elles; mais bien que cet Ouvrage, dont nous nous occupons depuis long-temps, puisse paraître intéressant, il ne conviendrait qu'à un petit nombre d'amateurs.

Le choix de cette exposition fait voir que l'on a voulu montrer au Public, non-seulement les plus belles Estampes au burin, mais aussi celles que l'ancienneté et la rareté rendent très-curieuses; on y a joint quelques Gravures à l'eau-forte, pour faire connaître l'esprit, la finesse, et la légèreté que plusieurs Peintres ont su donner à ce travail; enfin on y trouve aussi des Estampes modernes qui complettent l'histoire de l'art.

Toutes les Gravures à l'eau-forte sont placées dans l'embrasure de la première fenêtre; les Gravures de Marc-Antoine, ainsi que celles des anciens Maîtres italiens et allemands se voient, ou dans l'embrâsure de la deuxième fenêtre ou dans la première rangée en face. Toutes les autres parties de la pre-

mière pièce et de la Galerie sont occupées
par de belles Estampes du siècle de Louis XIV,
publiées tant en France que dans les pays
étrangers, aussi bien que par des Epreuves de
remarque , des Morceaux capitaux de nos
Graveurs modernes.

AVIS.

Nous avons suivi, dans cette Notice, l'ordre établi dans l'Exposition, en ayant soin d'indiquer en titre, la place dans laquelle se trouvent les Estampes.

A la fin de l'Ouvrage, nous avons placé une table chronologique des graveurs et une table alphabétique des noms et des matières, avec les n.ᵒˢ sous lesquels sont décrits les articles.

NOTICE

DES ESTAMPES

EXPOSÉES

A LA BIBLIOTHÈQUE DU ROI.

~~~~~~~~~~~~~~~~~~~~~~~~~~~~~~~

PREMIÈRE CROISÉE; A DROITE.

1 Veau couché, gravé par Marc de Bye, Peintre et Graveur, né à La Haye, vers 1612; mort vers 1670.

Elève de Vander Does, Marc de Bye embrassa l'état militaire, ce qui ne l'empêcha pas de cultiver les arts: comme Peintre, sa réputation n'est pas très-étendue; mais il a gravé à l'eau-forte 106 Pièces, dans lesquelles on admire une légèreté de pointe extraordinaire, ainsi qu'une grande vérité dans l'expression qu'il a su donner à ses animaux. La plupart de ses eaux-fortes sont gravées d'après Paul Potter.

2 Deux petits Paysages sur une même Planche, gravés par Bartholomé Bréemberg, Peintre, né à Utrecht, vers 1620; mort en 1660.

Cette Planche, dont la rareté et la petitesse augmentent beaucoup la valeur, représente, à droite, une vue du château de *Buoncompagni*, près de *l'Acqua acetosa* au bord du Tibre; et à gauche, une Composition dans laquelle Bréemberg a réuni un tombeau qui se trouve à

1

cinq milles de Rome sur la voie *Cassia*, et une fontaine qui est à côté de la *Villa* du Pape Jules, près de la porte du Peuple, à Rome ; à gauche, sur le ciel, est un chiffre composé de deux B B, marque ordinaire de l'Auteur.

On ignore quel fut le Maître de Bréemberg ; mais il alla fort jeune en Italie ; l'habitude d'y voir la belle nature, et la possibilité d'étudier les grands Maîtres, donnèrent beaucoup de noblesse à ses Compositions, sans leur faire rien perdre du fini précieux qui distingue l'Ecole hollandaise.

3 Brebis couchée, gravée par MARC DE BYE. *Voyez n.º* 1.

Cette Pièce est gravée dans la même manière que la première, et lui sert de pendant.

4 Deux Lévriers attachés ensemble; près d'eux un troisième couché et se grattant l'oreille, gravés par J. JONCK HEER, Peintre, qu'on doit croire Hollandais, et qui travaillait en 1654.

5 Deux Chiens se battant.

6 Deux Lévriers en laisse et un autre Chien près d'eux.

On ne connaît que 13 Pièces gravées par Jonck Heer, et toutes représentent des chiens. Les belles épreuves en sont extrêmement rares.

7 Un Cavalier arrêté près de la tente d'une Vivandière, gravé par JEAN MARTSS le jeune, Peintre vivant en Hollande en 1662.

8 Une Escarmouche dans laquelle un Cavalier est assailli par deux autres.

Quoique ce Peintre ait mis beaucoup de chaleur et de science dans l'ordonnance de ses tableaux, sa réputation est peu étendue, et le petit nombre de gravures qu'il a laissées ne peut guère contribuer à illustrer son nom : on ne connaît que 8 Pièces gravées par lui.

9 Siméon annonçant à Jacob la mort de son fils Joseph, gravé par PHILIPPE VERBEECQ., Peintre hollandais, né en 1592.

Les frères de Joseph ayant voulu le faire périr, l'abandonnèrent dans une citerne au milieu du désert ; Siméon, l'aîné d'entr'eux, cherchant à lui sauver la vie, leur proposa de le vendre, et se chargea de venir annoncer à Jacob leur père que Joseph avait été dévoré par des bêtes sauvages ; pour preuve il lui présente la robe de Joseph tachée de sang : au fond, à côté de Jacob est Rachel affligée d'une si terrible nouvelle et pressant affectueusement la main de Benjamin, le seul enfant qui lui reste.

Maintenant qu'on est si rigide sur l'exactitude du costume, on sera étonné de voir le patriarche Jacob vêtu comme un Visir, assis sur une espèce de trône du plus mauvais goût, et surmonté d'une draperie qui forme un dais ; le pasteur Siméon est nu-tête avec une ceinture asiatique, et Benjamin porte l'élégant costume du règne de Louis XIII, avec une toque espagnole et une plume ; l'entrée de la pièce où se passe cette scène est une longue galerie gothique.

Dans le haut, à gauche, sont les lettres PV qui désignent le maître : on ne connaît que 8 Pièces de lui ; elles sont très-rares et fort recherchées.

10 Vue du Campo Vaccino, gravé par CLAUDE GELÉE dit *CLAUDE LORRAIN*, Peintre, né en

1600, à Chamagne en Lorraine, mort à Rome en 1682. *Epreuve avant l'inscription qui couvre toute la marge du bas, et avant qu'on ait effacé celle qui se voit à droite.*

Cette vue du Campo Vaccino à Rome est prise du Capitole ; à droite on voit une partie de l'Arc de Septime-Sévère, et à gauche les trois Colonnes, seul reste du Temple de Jupiter Stator.

Né de parens pauvres, Claude fut mis en apprentissage chez un pâtissier, et n'alla à Rome que pour y exercer son état. Entré au service de Taxi, Peintre de paysages, il prit du goût pour cet art, et travailla avec tant d'assiduité qu'il parvint à être le premier des paysagistes ; il ne peignait jamais d'après la nature, mais il l'étudiait souvent, et savait si bien rendre ce qu'il avait vu, qu'on distingue dans ses tableaux l'heure du jour, la dégradation des objets suivant leur distance, les vapeurs de l'horison. Claude Lorrain a gravé à l'eau-forte 33 planches dans lesquelles on retrouve autant de savoir que dans ses tableaux.

11 Le Joueur de Cornemuse, gravé par NICOLAS BERGHEM, Peintre, né en 1624, à Harlem; mort en 1683. *Epreuve avant le nom du Maître.*

Au milieu d'un Paysage, un homme monté sur un âne parle à un paysan qui porte une Cornemuse; dans le lointain à gauche on voit un Pâtre conduisant un troupeau. Cette pièce, terminée à la pointe sèche, est une des plus belles de l'œuvre de Berghem.

Ce Peintre, qui fait honneur à l'Ecole hollandaise, a su rendre la nature avec une telle vérité, que ses tableaux ont toujours été regardés comme des modèles en ce genre. Contemporain de Claude Gelée, et comme

lui d'un grand mérite, ces deux Maîtres ne peuvent
être mis en comparaison, quoique tous deux paysagistes, puisqu'ils n'ont pas suivi la même route pour
arriver au même but; l'un ne cherchant qu'à imiter
avec soin la nature au moment où il la voyait, l'autre
sachant retrouver dans sa mémoire les effets qu'il avait
vus et qui lui semblaient convenir davantage au sujet
qu'il voulait retracer ; celui-ci sachant rendre avec
esprit les troupeaux et les hommes qui ornaient son
point-de-vue; celui-là ne pouvant ajouter aucun être
vivant à ses tableaux, dont la principale magie est dans
une entente parfaite du clair-obscur et de la perspective aërienne.

On connaît de Berghem 53 Planches à l'eau-forte,
qui toutes sont gravées d'une pointe facile et pleine
d'esprit ; rarement il a mêlé le burin et la pointe
sèche dans ses planches ; cependant cette pièce fait
voir qu'il savait bien l'employer.

12 La Vache qui s'abreuve, gravée par BERGHEM.
Voyez n.º 11. *Epreuve avec le nom et l'année
écrits à l'eau-forte en gros caractère.*

A droite près d'un abreuvoir, un Pâtre debout parle
à un homme assis à côté d'une femme qui vient de se
laver les jambes; sur le devant, on voit un bouc et
un mouton ; à gauche deux vaches dont une vient de
boire et laisse tomber un peu d'eau de sa bouche; le
fond est orné d'une ruine avec un bas-relief.

13 La Femme adultère, gravée par FRANÇOIS BAR-
TOLOZZI, né en 1728 à Florence; mort à Lis-
bonne en 1813. *Epreuve avant la lettre.*

Une Femme surprise en adultère est amenée devant.
Jésus-Christ ; ses accusateurs voulaient voir comment

il pourrait ne pas la condamner à être lapidée, puisque c'était ordonné par la loi de Moïse : le Fils de Dieu, pour ne pas être en contradiction avec la loi des Juifs, écrivit par terre : « Que celui de vous qui est sans péché lui jette la première pierre ». Cette Pièce, gravée au burin d'après Augustin Carrache, est très-recherchée ; le Tableau se voit au palais Zampieri à Bologne.

Bartolozzi s'est fait remarquer par le grand nombre de ses productions et par les différens genres de gravures qu'il a cultivés avec succès ; il a joui en Angleterre d'une grande réputation que lui avaient acquise ses gravures au pointillé : ce genre est maintenant presqu'oublié ; mais il a gravé au burin plusieurs grands portraits et des sujets historiques qui le placent parmi les premiers graveurs du dernier siècle.

Son œuvre passe le nombre de 1200 planches, dont beaucoup sont des vignettes, des billets de bal, et d'autres sujets peu importans.

PREMIÈRE CROISÉE; A GAUCHE.

Groupes d'Animaux, gravés par BERGHEM. *Voyez* n.º 11.

14 Une Vache couchée près d'une autre debout : à droite une Femme est occupée à en traire une troisième.

15 Une Vache pissant : près d'elle une autre Vache et une Chèvre couchées ; à gauche, deux Pâtres conduisant un troupeau de moutons.

16 Deux Chevaux debout, se grattant ; à gauche, sur le devant, un troisième est couché.

17 Un Ane debout, entouré de plusieurs animaux
    couchés ; à droite un Pâtre et une Bergère sont
    assis auprès l'un de l'autre.

> Ces quatre Pièces, d'un mérite égal, se trouvent
> ordinairement réunies.

18 Vache couchée, gravée par PAUL POTTER, Peintre,
   né à Enkhuissen, en 1625 ; mort à Amsterdam,
   au mois de Janvier 1654.

> Une Vache couchée près d'un arbre dont on ne voit
> que le tronc avec une petite branche peu chargée de
> feuilles, et de grosses racines qui sortent de terre. Ce
> morceau, un des plus rares du Maître, se fait remar-
> quer par la pureté et la fermeté de la pointe.
>
> Paul Potter, Peintre de paysage et d'animaux,
> n'eut pour maître que son père, Peintre médiocre. Il
> mourut d'une maladie de langueur avant l'âge de 29
> ans, et pourtant il a joui pendant sa vie de beaucoup
> de considération. Depuis sa mort, ses Tableaux ont
> acquis une telle célébrité, que plusieurs ont été payés
> plus de 24 mille francs.
>
> Ainsi que beaucoup de Peintres ses contemporains,
> Paul Potter a gravé à l'eau-forte 18 Pièces qui sont fort
> recherchées : on y trouve une vérité frappante dans
> le caractère des animaux, un heureux effet de clair-
> obscur, ainsi qu'une pointe ferme et brillante.

19 Deux Cochons, gravés par MARC DE BYE. *Voyez*
   n.º 1.

> Près d'un toit dont la porte est ouverte, on voit
> deux Cochons, dont l'un mange une plante assez forte
> qui se trouve sur le devant à gauche.

20 *Ecce Homo*, gravé par Antoine Van Dyck,
Peintre, né en 1599, à Anvers; mort à Londres, en 1641. *Epreuve avant les mots* cum
privilegio.

Jésus-Christ présenté au peuple, couronné d'é-
pines, et tenant un roseau à la main; sujet gravé à
l'eau-forte, par Van Dyck, d'après sa propre composition. On remarque dans cette Pièce autant d'esprit
que de facilité, un effet très-piquant et une exécution
parfaite, qui font voir combien ce Peintre était habile
coloriste.

Van Dyck, élève de Rubens, s'est fait remarquer
par plusieurs beaux tableaux d'histoire; mais il jouit
encore d'une plus grande renommée comme Peintre de
portraits, et il serait le plus habile en ce genre, s'il
n'avait eu pour concurrent le célèbre Titien.

21 Portrait de Françoise Bridges, comtesse d'Exester, gravé par Guillaume Faithorne le vieux,
né en 1620 à Londres, où il mourut en 1691.

La comtesse d'Exester assise, vue à mi-corps, vêtue
de deuil, ayant un voile de gaze noire qui lui couvre
le front : Portrait d'une exécution admirable, d'un
style libre, fort de couleur, et l'un des plus beaux,
gravé par Faithorne, d'après Van Dyck.

Indépendamment de sa beauté comme gravure et de
sa grande rareté, ce Portrait offre encore quelqu'intérêt à cause des malheurs qu'éprouva la comtesse
d'Exester. Mariée d'abord à Sir Thomas Smith d'A-
bingdon, secrétaire de Jacques 1, elle épousa ensuite Thomas Cécil, comte d'Exester, qui mourut
en 1622. Après la mort de son second mari, elle fut
faussement accusée d'inceste avec son beau-fils le lord
Ross; cette scandaleuse accusation fut encore accom-

pagnée de celle de sorcellerie, crime énorme à cette
époque, et enfin de tentative d'empoisonnement sur
ses accusatrices lady Ross, et lady Lake sa mère.

Le roi Jacques prit beaucoup de soins pour décou-
vrir la vérité; il parvint enfin à connaître l'innocence
de la comtesse, et rendit lui-même un jugement qui
condamna lady Lake et son mari à une amende de
1000 livres sterlings au profit du Roi, et 500 au profit
de la comtesse d'Exester : il pardonna à lady Ross qui
avait avoué son crime en pleine audience.

L'original de ce Portrait est dans la galerie de Straw-
bury : une épreuve de cette gravure a été vendue à
Londres près de 500 francs.

Faithorne, habile Graveur anglais, eut aussi des
persécutions à essuyer. Ayant pris parti pour Charles
I, il fut fait prisonnier par les rebelles. Ne voulant
pas prêter serment à Cromwell, il se vit forcé de quitter sa patrie, et vint en France où il se perfectionna
dans la gravure en voyant les travaux de Nanteuil. Il
eut pour protecteur l'abbé de Marolles, dont la riche
collection est le premier fondement du Cabinet des
Estampes de la Bibliothèque du Roi, et à qui cette
Epreuve a appartenu.

22, 23, 24 Trois Sujets représentant des Vaches,
gravés par ADRIEN VANDEN VELDE, Peintre, né
en 1639, à Amsterdam, où il mourut en 1672.

Ces trois Pièces, connues sous le nom des *trois Vaches*
de Vanden Velde, sont très-recommandables par
la pureté et la légèreté de la pointe, ainsi que par l'esprit et la finesse d'expression des animaux qui sont de
la plus grande vérité. Elles ont été gravées par Vanden
Velde, à l'âge de 30 ans : ses premiers essais ont été
faits lorsqu'il en avait 14. Deux de ses Gravures, quoique bien inférieures à celles qu'il fit postérieurement,

2

ont été vendues 950 francs chacune, à la vente du cabinet de M. le comte Rigal, en Décembre 1817.

25 Combat de quatre Cavaliers, gravé par GÉRARD
EDELINCK, né en 1649 à Anvers, mort à Paris
en 1707. *Epreuve avant les noms du Peintre
et du Graveur.*

Cette Gravure, faite d'après un carton de Léonard
de Vinci, représente quatre cavaliers cherchant à s'ar-
racher une enseigne. Cette belle estampe n'est rare
que quand elle est comme celle-ci avant les noms.

Edelinck doit être regardé comme le plus habile
Graveur du règne de Louis XIV : élève de Corneille
Galle, il fut appelé à Paris par le ministre Colbert, et
a gravé un grand nombre d'estampes dont aucune n'est
médiocre et parmi lesquelles il se trouve plusieurs
chefs-d'œuvre dont nous aurons occasion de parler
dans la suite.

Son burin est plus soigné que celui des autres
graveurs flamands; mais dans son travail le soin ne
dégénérait pas en petitesse, et n'entraînait pas cette
longueur de temps et cette marche pénible qui amènent
toujours de la froideur.

TRUMEAU ENTRE LES FENÊTRES.

26, 27 Suite des Ducs de Bavière.

Ce Dessin, fait à la fin du XV.e siècle, représente la
suite des Princes qui ont gouverné la Bavière depuis
Norix Regenspurg et Bavarus jusqu'au comte Palatin Sigismond, qui vivait en 1465.

Les costumes sont assez variés, et représentent ces
Princes suivant l'état qu'ils ont embrassé, les uns
étant Militaires, d'autres Religieux, quelques-uns
Empereurs, et d'autres Papes.

28 Portrait de Jean Dryden, gravé par EDELINCK.
Voyez n.° 25. Epreuve avant les armes.

Dryden, Poëte, né en Angleterre en 1631, y mourut
en 1701. Ses talens le firent accueillir à la cour de
Jacques II ; mais il se fit catholique en 1688, et ses
ennemis le perdirent auprès de Guillaume III , qui lui
ôta ses pensions et le laissa mourir dans la misère.

Dryden s'est signalé dans tous les genres de poésie ;
il a donné un grand nombre de tragédies et de comé-
dies , une traduction de Virgile en vers anglais , et une
traduction en prose du Poëme de la peinture d'Alphonse
Dufresnoy.

Ce portrait, gravé d'après Kneller, est de la plus
grande rareté, avant la lettre.

29 Susanne au bain, gravée par CHARLES PORPORATI,
né en 1740 à Turin, où il mourut en 1810.
Epreuve avant la lettre.

Susanne épiée, par deux vieillards, tandis qu'elle se
baigne dans une salle construite au milieu d'un jardin.
Tableau peint par Santerre, pour sa réception à l'Académie de Peinture de Paris en 1704 ; le Graveur en a
fait son sujet de réception dans la même Académie
en 1773.

L'agrément du burin et la grâce du sujet ont fait
rechercher avec empressement cette pièce, qui n'est
pas commune avant la lettre.

Porporati, né dans un siècle où le mauvais goût du
dessin était général, n'a pu se défendre de la fâcheuse
impulsion donnée aux arts ; mais comme Graveur il
est recommandable par la pureté et la douceur de son
burin.

30 Portrait de Pierre Schout à cheval, gravé par
ABRAHAM BLOOTELING, né en 1634, à Amsterdam.

Ce portrait, connu dans le commerce sous la simple dénomination *du cavalier*, et cité quelquefois sous le nom de *Moelman*, sans qu'on en sache la cause, est celui de Pierre Schout, chanoine d'Utrecht, mort en 1669 à l'âge de 29 ans, seigneur d'Hagestein, et sans doute amateur, puisque plusieurs artistes se sont réunis pour lui rendre hommage; la figure est peinte par Pierre Netscher, le cheval par Wouwermans, et le paysage par Wynants.

Blooteling, après avoir travaillé quelque temps en Angleterre, revint dans sa patrie où il fit un assez grand nombre de pièces, tant à la pointe et au burin qu'en manière noire.

31 La Mort d'Abel, gravée par Porporati. *Voyez n.° 29. Épreuve avant la lettre.*

Il convenait à Porporati, dont le burin est si doux, de travailler d'après Vander Werf, Peintre hollandais qui s'est particulièrement distingué par un fini précieux.

Le tableau original fut peint pour l'Électeur Palatin Joseph Guillaume; il a été long-temps l'un des ornemens de la célèbre galerie de Dusseldorf.

32 L'instruction paternelle, gravée par Jean Georgi Wille, né en 1715 à Kœnigsberg, petit village de Hesse; mort à Paris en Avril 1808. *Épreuve avant la lettre.*

Cette scène familière, dans laquelle on voit une jeune personne debout écoutant attentivement ce que lui dit son père, est gravée d'après Gérard Terburck.

On admire dans cette gravure une coupe de burin hardie et des étoffes rendues avec la plus grande perfection. Wille avait été d'abord armurier; il vint à

Paris en 1736, et grava, à son arrivée, des portraits
pour la suite d'Odieuvre, qui ne lui paya les premiers
que six francs, et d'autres douze francs. Rigaud ayant
aperçu la capacité de ce jeune graveur, lui procura
les moyens de se faire connaître. Depuis il se distingua non-seulement par plusieurs beaux portraits,
mais encore par des sujets gravés d'après les Maîtres
hollandais, dont il sut rendre parfaitement la couleur
et le fini précieux.

C'est de l'école de Wille que sont sortis les Graveurs qui, ayant abandonné la pointe sèche pour se
servir presque exclusivement du burin, ont répandu
en Europe le goût des hachures larges et croisées par
lesquelles on a remplacé les tailles en points allongés
dont s'étaient servi Nanteuil, Drevet et autres.

33 Sainte Cécile, gravée par Raphael Urbain Mas-
sard, né en 1775, à Paris, où il travaille en
1818. *Epreuve avant la lettre.*

Ste. Cécile, St. Paul, St. Augustin, St. Jean et
Ste. Magdeleine réunis pour chanter les louanges de
Dieu, et interrompant leur chant pour écouter un
concert céleste.

Ce tableau, qu'on a vu au Muséum de Paris, a été
peint par Raphaël en 1513, pour le cardinal Laurent
Pucci, qui le fit placer dans l'église de St. Jean *in
monte* à Bologne. On peut trouver extraordinaire de
voir cinq figures à côté l'une de l'autre, toutes debout
et sans aucun rapport entre elles; il est probable que
Raphaël, maître de sa composition, ne l'eût pas dispo-
sée ainsi; mais on sait que de son temps ceux qui com-
mandaient un tableau, donnaient souvent au Peintre
non-seulement le nombre de figures qu'ils voulaient y
voir, mais aussi le nom des personnages, et encore

quelquefois la position qu'ils désiraient qu'on leur
donnât: il ne restait plus au Peintre que le dessin ,
la couleur et l'expression pour faire valoir son talent.

34 Les quatre Pères de l'Eglise , gravés par GUIL-
LAUME SHARP , né en 1746 à Londres. *Epreuve
avant la lettre.*

Guide Reni, dans cette belle et sage composition, a
représenté les quatre pères de l'église , St. Jérôme et
St. Grégoire, St. Augustin et St. Chrysostôme, réunis
et discutant sur l'immaculée conception de la Vierge.

Cette pièce est une des premières par lesquelles
Sharp se soit fait connaître d'une manière avantageuse
et qui fait honneur à Bartolozzi dont il est élève.

35 Une Nymphe endormie , gravée par PIERRE
AUDOUIN , né en 1768, à Paris, où il travaille
en 1818. *Epreuve avant la lettre.*

Antoine Corrège , celui de tous les Peintres italiens
qui ait su donner le plus de grâce à ses compositions, a
presque toujours représenté des nymphes et des ber-
gères de l'âge d'or. Son dessin manque de correction ;
mais ce défaut est amplement racheté par d'autres
qualités.

Le Graveur, par la douceur de son burin, a su bien
rendre une partie du charme qu'on trouve dans le
tableau original, l'un des plus beaux ornemens de la
galerie du Musée.

36 La Cathédrale d'Anvers , gravée par WINCESLAS
HOLLAR , né à Prague en 1607 ; mort à Londres en 1677. *Epreuve avec une seule ligne
d'écriture.*

Notre-Dame d'Anvers fut érigée en cathédrale en

1559; elle est remarquable par sa beauté et sa richesse, et surtout par une flèche de 452 pieds de hauteur, dont les ornemens en pierre à jour sont d'une légèreté et d'une délicatesse extraordinaires.

L'église fut commencée en 1442 par l'architecte Jean Amelin, et consacrée deux ans après; mais elle ne fut terminée qu'en 1517. Presqu'entièrement brûlée en 1533, elle fut promptement rétablie par les libéralités de Philippe II, roi d'Espagne, qui y tint un chapitre de l'ordre de la toison-d'or le 21 Janvier 1556.

DEUXIÈME FENÊTRE; A DROITE.

37 Le Triomphe de Paul-Emile, gravé par BAR-THELEMY BALDINI, dit *BACCIO BALDINI*, orfèvre florentin, travaillant de 1460 à 1480.

Dans un char on voit debout Paul-Emile, général romain, surnommé *le Macédonique*, à cause de la victoire qu'il avait remportée sur Persée roi de Macédoine, et pour laquelle le Sénat lui décerna les honneurs du triomphe, l'an 167 avant J. C. Les diverses inscriptions latines qu'on lit sur cette pièce sont en l'honneur du héros.

C'est Baldini que l'on peut, en quelque sorte, regarder comme le premier Graveur italien, puisqu'ainsi que Peregrini et d'autres orfèvres, Maso Finiguerra, à qui on doit la découverte de l'impression des estampes, n'a jamais fait que des *nielles* ou ornemens d'orfévrerie qui n'étaient pas destinés à donner des épreuves. On croit que Baldini a travaillé d'après les dessins d'Alexandre Boticello et conjointement avec lui : ses ouvrages, ainsi que ceux de ses contemporains, ne présentent rien d'admirable. On n'y trouve ni correction dans le dessin, ni expression dans les têtes, ni noblesse dans la composition,

mais seulement une naïveté qui prouve que ces premiers artistes ne pensaient qu'à copier la nature,
sans chercher ce qu'on a appelé depuis le beau idéal.
Toutes les gravures du xv.ᵉ siècle sont si rares à trouver bien conservées ou belles d'épreuves, que les
amateurs les paient toujours excessivement chères
lorsqu'elles sont en bel état.

Baldini a publié quelques estampes et plusieurs
suites, les Prophètes, les Sibylles, les Planètes et
des Vignettes pour le poëme de l'enfer du Dante ; son
œuvre peut se composer d'environ cent pièces.

Quoique rien n'indique avec certitude que cette
pièce soit de Baldini, on a cru pouvoir adopter en cela
l'opinion de M. de Heinecken, qui la lui a attribuée.

38 Jésus-Christ tenté par le Démon, gravé par un
ancien Maître allemand qui travaillait en 1492.

Cet Artiste, sur lequel on n'a aucune notion, est un
des plus anciens Maîtres allemands. Sa marque est
composée des lettres gothiques allemandes L Z.

39 Adoration des Mages, gravée par ROBETTA,
Graveur florentin, qui travaillait vers 1520.

La Vierge assise ayant sur ses genoux l'Enfant-
Jésus, qui tient dans ses mains une petite boîte.

Parmi les orfèvres florentins qui se sont adonnés à la
gravure, Robetta est un de ceux qui s'y sont le plus dis-
tingués ; il a gravé environ trente planches.

Il est difficile de rencontrer une épreuve aussi brillante et aussi colorée que celle-ci.

40 Adam et Eve, gravés par ALBERT DURER, Peintre et Graveur, né le 20 Mai 1471, à Nuremberg, où il mourut le 6 Avril 1528.

Ève debout prend de la main droite la pomme que

lui présente le serpent; Adam s'apprête à la recevoir ;
sur l'arbre derrière lui, on aperçoit un Perroquet, et
auprès une tablette sur laquelle on voit le monogramme
d'Albert Durer et l'année 1504, puis cette inscription :
Albertus Durer noricus faciebat.

Albert Durer, un de ces hommes rares dont un seul
suffirait pour illustrer leur pays et leur siècle, s'est
distingué dans la peinture et dans la gravure ; il a même
publié sur les arts divers ouvrages écrits en latin, et
l'étude des mathématiques ne lui était pas étrangère.
On trouve dans plusieurs églises d'Allemagne, et dans
un grand nombre de cabinets, des tableaux qui font
connaître son talent comme Peintre.

Il a gravé plus de cent planches en cuivre, parmi
lesquelles plusieurs sont remarquables par la finesse et
la pureté du burin, mais toutes d'un dessin gothique.

41 L'Amour et Psyché, gravés par GEORGE GHISI,
né vers 1520, à Mantoue ; mort vers 1580.

Elève ou du moins imitateur de Marc-Antoine Raimondi, ce Graveur, savant dans le dessin, a publié près
de 80 pièces, dont quelques-unes peuvent être placées
à côté de celles de son modèle. Parmi celles-ci on
remarque l'Amour et Psyché couronnés par l'Hymen,
gravés d'après Jules Romain, en 1574.

42 Un Enfant voulant monter sur un chien, gravé
par HENRI GOLTZ, ou *GOLTZIUS*, né en 1558,
à Mulbrecht, dans le duché de Juliers ; mort
à Harlem en 1617.

Le Fils de Théodoric Frisius, Peintre hollandais,
jouant avec un chien et un oiseau de proie. Ce portrait
assez rare est une des pièces les plus recherchées de
l'œuvre de Goltzius.

3

Cet Artiste, qui fait honneur à la Hollande, a gravé plus de 300 pièces, parmi lesquelles plusieurs sont très-recherchées, soit à cause de leur beauté, soit simplement par leur rareté.

La vigueur et la fermeté du burin sont les caractères distinctifs de Goltzius.

43 Portrait de Goltzius, gravé par lui-même. *Voy. n°. 42. Epreuve avant la lettre.*

Ce portrait en buste, de grandeur naturelle, représente le Graveur lui-même : il est vu de face, une calotte sur la tête, une fraise autour du cou, et vêtu d'un habit bordé de fourrure.

DEUXIÈME FENÊTRE; A GAUCHE.

44 Bataille, gravée par Martin Schongauer, connu sous le nom de *Martin Schoen*, Peintre, né à Augsbourg ; mort à Colmar le 2 février 1499.

Cet Artiste a gravé souvent d'après ses propres compositions, et les pièces qui composent son œuvre passent le nombre de 120 ; elles sont toutes rares : une des plus remarquables est la bataille des Chrétiens contre les Infidèles, et dans laquelle Saint Jacques le majeur, l'un des apôtres, patron de l'Espagne, à la tête de l'armée chrétienne, combat les Infidèles et les met en déroute.

On voit au milieu, au bas de l'estampe, la marque de l'Artiste formée d'une M et d'une S gothiques avec une croix entre deux.

Martin Schongauer, long-temps regardé comme le premier Graveur allemand, et même quelquefois comme l'inventeur de la gravure, par ceux qui prétendaient que cet art avait pris naissance en Allemagne, est supérieur à ses contemporai...

d'être considéré également comme Peintre ou comme Graveur. Cependant on ne doit pas chercher dans ces premiers essais de l'art , ni la correction du dessin , ni la pureté du style , ni la beauté de l'exécution, ni la perfection en aucun genre; la naïveté est le principal mérite de ces pièces, l'ancienneté y donne du prix, et la rareté l'augmente.

45 Henri II et Diane de Poitiers , gravés par JEAN DUVET, Orfèvre et Graveur, né à Langres en 1485.

Au bord d'une forêt , Henri II, assis près d'une femme portant sur la tête un croissant, l'un des attributs de Diane , reçoit les hommages de chasseurs que l'on voit à droite, et qui sont accompagnés de leur meute ; dans le fond coule une rivière sur laquelle est un pont , et la porte d'une ville.

On trouve peu de talent dans les gravures de Jean Duvet ; le dessin n'est pas correct, et la composition est bizarre; mais quoiqu'il soit bien inférieur aux Artistes qui travaillaient en même-temps que lui en Italie et en Allemagne, il mérite notre attention puisqu'il est le plus ancien Graveur français. Il a gravé environ 40 pièces , dont une suite de 24 figures pour l'Apocalypse de Saint Jean.

46 Couronnement de la Vierge, par THOMAS FINIGUERRA , dit *MASO FINIGUERRA*, né vers 1418; mort vers 1460.

Jésus-Christ assis sur un très-grand trône, et coiffé d'un bonnet semblable à celui des Doges , pose à deux mains une couronne sur la tête de la Vierge assise sur le même trône et inclinée vers lui, les bras croisés sur la poitrine; en bas, au milieu, St. Augustin et St. Am-

broise sont à genoux ; à droite , on voit debout un
grand nombre de Saintes, parmi lesquelles on distingue Ste. Catherine et Ste. Agnès ; à gauche sont
tous les Saints aussi debout , et à la tête desquels on
remarque St. Jean-Baptiste ; aux deux côtés du trône
plusieurs Anges sonnent de la trompette, et dans le
haut, d'autres soutiennent une banderolle sur laquelle
on lit : ASSUMPTA EST MARIA IN CELUM GAUDET EXER-
CITUS ANGELORUM. Cette inscription , ainsi que les
noms AGOSTINO et AMBROSIO , se lisent à rebours,
parce que cette pièce n'ayant pas été faite pour en tirer
des épreuves, les lettres sont écrites dans le sens ordinaire sur la planche d'argent qui existe encore à St.
Jean de Florence.

Après avoir vu long-temps l'Allemagne et l'Italie se
disputer l'honneur d'avoir donné naissance à l'inventeur de la gravure au burin , ou plutôt à celui qui le
premier trouva moyen de tirer des épreuves d'une
gravure en taille-douce, la gloire en est enfin restée à la
patrie des arts ; et l'abbé Zani, par ses recherches, est
parvenu à démontrer que Finiguerra avait l'antério-
rité de plus de dix ans sur les Maîtres allemands.

On a peu de notions sur cet artiste ; mais il est
certain qu'il fut chargé d'exécuter, pour l'église de
St. Jean de Florence, une Paix en argent où il repré-
senta le couronnement de la Vierge , et pour le
paiement de laquelle , en 1452 , il reçut 66 florins d'or
(environ 800 francs). C'est de cette Paix qu'il tira
l'épreuve que l'on voit ici et qui est la seule pièce que
l'on puisse avec certitude donner à Maso Finiguerra.
Cette épreuve, unique jusqu'à ce jour, faisait partie de
la collection de l'abbé de Marolles, achetée par le roi
en 1667 ; elle était depuis ce temps restée dans le
recueil des vieux Maîtres italiens anonymes , et la

découverte en fut faite en 1797, par l'abbé Zani, qui, en visitant l'Italie, avait vu à Florence cette Paix en argent, ainsi qu'une empreinte en souffre chez M. Sérati à Livourne.

Cette importante découverte a fixé toutes les incertitudes sur la date des premières impressions d'estampes, et place Maso Finiguerra à la tête des plus anciens Graveurs en taille-douce : cependant, quoiqu'on ait une épreuve de cette Paix, elle doit faire partie des *nielles*, c'est-à-dire, des planches d'argent sur lesquelles les orfèvres de ce temps traçaient des compositions ou des ornemens avec des fonds en tailles serrées qu'ils recouvraient ensuite d'un émail noir (*nigellum*), composé d'argent, de cuivre, de plomb, de souffre et de borax. La gravure n'était dans ce cas qu'un travail préparatoire pour fixer l'émail ou le *nielle* sur la planche et l'empêcher de se détacher du métal, ce qui, malgré cela, arrivait encore quelquefois.

47 Saint Jean l'Evangéliste, gravé par le Maître de 1466.

L'Apôtre bien-aimé de Jésus-Christ, l'un des quatre évangélistes, relégué dans l'île de Pathmos, pendant une persécution des chrétiens, écrivit d'après l'inspiration divine le livre auquel on a donné pour cette raison, le nom d'*Apocalypse*.

Le nom et la patrie de cet ancien Graveur allemand sont absolument inconnus. La lettre S et les étoiles qu'il a si souvent employées dans la broderie de ses vêtemens, pourraient donner à croire qu'il se nommait *Stern*.

Le caractère de son dessin et sa manière de graver le font facilement remarquer, et empêchent qu'on n'attribue à d'autres maîtres les pièces sur lesquelles il

n'a pas mis sa marque ; on connaît 120 pièces gravées
par lui ; elles sont toutes très-rares. Il est probable-
ment le premier qui ait fait usage en Allemagne de
la découverte que Finiguerra venait de faire en Italie.

48 Danse d'Hérodiade , gravée par ISRAEL VAN MEC-
KEN : il vivait à Mecken avant 1500.

Ce sujet est représenté , suivant l'usage des Maîtres
de ce temps , avec les costumes du xv.e siècle. Les personnages composant la cour d'Hérode , marchant deux
à deux et dansant au son des instrumens , se dirigent
vers la table de ce prince , à qui Hérodiade vient
présenter la tête de St. Jean-Baptiste dont elle avait
obtenu la mort.

Israël , contemporain de Martin Schongauer , mais
un peu postérieur à lui , est celui de ces deux maîtres
dont le nom est le plus répandu , d'abord parce qu'il
a gravé un plus grand nombre de pièces , ensuite , parce que les ayant souvent signées de son nom de bap-
tême , et même quelquefois de son surnom , ou d'initiales qui l'indiquent , il a été plus facile de reconnaître
les pièces dont il était l'auteur.

Son œuvre monte à près de 250 pièces , dont plusieurs sont des copies faites d'après Martin Schongauer,
ou autres Maîtres allemands. Son dessin est plus
incorrect et son travail plus sec que celui de ses pré-
décesseurs.

49 David coupant la tête à Goliath , gravé par
MARC-ANTOINE RAIMONDI , né à Bologne vers
1488 ; mort vers 1546. *Epreuve avant le monogramme sur la tablette.*

Sous le règne de Saül, les Philistins étant en guerre
avec les Israélites , tandis que les armées étaient en
présence, afin d'éviter la bataille qui devait avoir lieu ,

un géant nommé Goliath défia les Israélites de trouver
parmi eux un guerrier qui voulût se mesurer avec lui.
La hauteur de sa stature inspirait l'effroi, et personne
ne se présentait, lorsqu'il vit venir à lui le jeune
David n'ayant pour toute arme qu'un bâton et une
fronde. Sa fierté paraissait humiliée d'être obligé de
se battre avec un simple berger, au moment où il
reçut au milieu du front une pierre qui le renversa
par terre ; alors David courut au géant et lui trancha
la tête avec l'épée même dont il était armé.

Pendant qu'Albert Durer s'illustrait en Allemagne,
aussi-bien que Lucas de Leyde en Hollande, Raphaël
méritait bien sans doute qu'il se formât en Italie un
Graveur capable de nous retracer ses compositions.
Marc-Antoine est le premier Graveur italien qui ait
quitté la sécheresse de l'outil, qu'on remarque dans
tous les *nielles* dont l'usage avait été si fréquent. Les
premières estampes de Marc-Antoine tiennent encore
un peu du goût gothique des premiers Graveurs italiens ; mais dès qu'il eut étudié sous Raphaël, il sut
rendre dans ses estampes la correction qui distingue si
éminemment les compositions sublimes et pleines de
grâce du prince de la Peinture. En admirant cependant, dans les gravures de Marc-Antoine, la pureté
du trait, l'expression des têtes et la finesse des extrémités, on est forcé de convenir que le burin présente
encore souvent de la roideur et surtout trop d'unifor-
mité dans les travaux.

Marc-Antoine a gravé plus de 350 morceaux, parmi
lesquels un grand nombre sont rares et fort recherchés
des amateurs et des artistes.

50 Le Massacre des Innocens, gravé par MARC-ANTOINE. *Voyez n.º* 49.

Hérode, roi de Judée, voulut s'assurer de la perte

de l'Enfant Jésus, dont l'existence lui donnait de l'in-
quiétude, parce qu'il était désigné par les Prophètes
comme devant être roi des Juifs; mais ne pouvant
parvenir à connaître le lieu où il était caché, il ordonna
de faire périr tous les enfans qui n'avaient pas encore
deux ans.

Cette Pièce, gravée d'après Raphaël, est une des
plus recherchées : elle est remarquable par le précieux
et la finesse des extrémités aussi bien que par l'expression
des têtes, qui sont rendues avec une vérité admirable.
Il existe deux planches de cette composition, toutes
deux gravées par Marc-Antoine, de la même grandeur et dans le même sens. Celle-ci, qui est la plus
rare, est connue sous la singulière dénomination du
Chicot, à cause d'un sapin qui domine par-dessus les
autres arbres, dans le fond à droite.

51 **La Magdeleine versant du parfum sur les pieds
de Jésus-Christ; gravée par MARC-ANTOINE.**
Voyez n.º 49.

Jésus-Christ, à table chez Simon le Pharisien, est
interrompu par Marie-Magdeleine qui lui verse sur les
pieds un vase de parfum d'un grand prix, et les essuie
ensuite avec ses cheveux. L'usage, chez les anciens,
était de parfumer les pieds des voyageurs à qui l'on
donnait l'hospitalité et à qui l'on voulait rendre honneur; mais l'humilité que professait Jésus-Christ avec
ses disciples, fit blâmer cette prodigalité par l'un
d'eux, qui s'écria : *N'eût-il pas mieux valu vendre ce
parfum et donner aux pauvres l'argent qu'on en aurait
tiré !* Alors, dit l'Evangile, Jésus connaissant leur
pensée et voulant annoncer sa mort prochaine, fit
entendre que cette sainte femme avait voulu par là
remplir l'usage où l'on était d'embaumer le corps de
ceux qu'on chérissait.

Cette Pièce est gravée d'après Raphaël : l'Epreuve est remarquable par sa grande fraîcheur et son étonnante conservation.

52 *La Cène, gravée par* MARC-ANTOINE. *Voyez n.º* 49.

Jésus-Christ, assis au milieu de ses Apôtres, a, près de lui, Saint Jean son disciple bien-aimé ; de l'autre côté est Saint Pierre. Le moment choisi par le Peintre est celui où Jésus-Christ annonce à ses Disciples que l'un d'eux doit le trahir. Chacun témoigne son étonnement, et l'on doit reconnaître Judas dans celui qui, debout, pose la main sur l'épaule de Saint Pierre, et dit à son divin Maître : *Serait-ce moi, Seigneur ?*

Cette Estampe, connue dans le commerce sous le nom de la *Pièce des pieds*, est gravée d'après Raphaël. La Tablette que l'on voit à droite contre un siége, est une marque que Raimondi a souvent employée au-lieu de son chiffre.

53 L'Adoration des Mages, gravée par LUCAS DE LEYDE, Peintre et Graveur, né à Leyde en 1494, où il mourut en 1533.

La Vierge assise soutient l'Enfant Jésus debout sur ses genoux ; à côté d'elle est Saint Joseph ; au milieu de l'estampe, un des mages à genoux présente à l'Enfant Jésus de l'or dans un vase dont il a ôté le couvercle ; les autres mages tiennent également leur offrande dans des vases. Au bas, sur la gauche, on voit la lettre L, et à droite l'année 1513.

En même-temps que Marc-Antoine Raimondi se montrait en Italie digne de nous transmettre les chefs-d'œuvre de Raphaël, et qu'Albert Durer en Allemagne s'élevait au-dessus de tous les Graveurs qui l'avaient précédé, Lucas de Leyde était leur digne émule en Hollande. Ainsi qu'Albert Durer, il était Peintre

4

et n'a jamais travaillé que sur ses dessins. Son
style est un peu gothique et son dessin peu correct ; mais ses têtes ont une belle apparence, son
burin est fin, sa touche est spirituelle : il a su dégra-
der ses lointains de manière à rendre dans ses gravures
la perspective aërienne, si nécessaire pour faire connaître l'éloignement des objets.

Dès l'âge de neuf ans, Lucas s'adonna à la gravure,
et à quatorze ans il grava une pièce qui fit remarquer
son talent extraordinaire. On connaît de lui plus de
174 planches.

SUR LA PORTE EN FACE.

54 Martyre de Saint Laurent, gravé par MARC-
ANTOINE. *Voyez n.° 49.*

Riche Composition de cinquante figures, au milieu
de laquelle on voit Saint Laurent assis sur un gril :
l'un des bourreaux cherche à l'y étendre au moyen d'une
longue fourche qu'il lui appuie sur la poitrine, et qu'il
pousse fortement avec ses deux mains. Le préfet Cor-
nelius Sæcularis est assis au fond, au milieu du
Tribunal, et préside au supplice auquel il venait de
condamner Saint Laurent pour n'avoir pas voulu
livrer les vases précieux et les autres richesses de
l'église dont la garde lui était confiée. On remarque
autour plusieurs spectateurs, dont quelques-uns té-
moignent de la douleur, et semblent ainsi montrer
qu'ils font partie des Chrétiens pauvres auxquels le
bienheureux Diacre a distribué les biens de l'Eglise
plutôt que de les donner aux infidèles.

Cette Estampe est gravée d'après le Sculpteur Baccio Bandinelli, dont on voit le nom sur une tablette à
gauche, et auprès de laquelle est le monogramme du
Graveur.

C'est après la mort de Raphaël que Marc-Antoine grava cette belle Composition, dans laquelle on peut dire qu'il a surpassé son original en adoucissant la manière sévère et outrée qui est habituelle aux maîtres de l'école Florentine, et particulièrement aux sculpteurs, et en y répandant un peu de la grâce dont les ouvrages de Raphaël lui avaient donné l'habitude.

55 Sainte Famille, gravée par FRANÇOIS POILLY, né à Abbeville en 1622; mort à Paris en 1693. *Epreuve d'essai.*

Une des Pièces les plus agréables de l'œuvre de Poilly est la Sainte Famille qu'il a gravée d'après Raphaël, et qui est connue sous le nom de *la Vierge au berceau.*

Dans cette épreuve, les terrasses du devant ne sont que tracées, et pourtant les autres parties sont terminées, ce qui fait voir que dans ce temps on n'avait pas l'habitude de rentrer les tailles pour donner à la gravure le ton et l'harmonie nécessaires, mais que du premier coup de burin les graveurs donnaient à leur travail la perfection qu'il devait avoir.

Le Tableau original fait partie du Musée : il fut acheté par Louis XIV, en sortant du cabinet de M. de Brienne. On croit qu'il avait été apporté en France par Armand Gouffier, cardinal de Boissy, à qui Raphaël l'avait donné en reconnaissance des bons offices que ce prélat lui avait rendus auprès de François I.er

Fils d'un orfèvre qui lui enseigna les premiers principes du dessin, Poilly vint à Paris pour apprendre la gravure : il entra chez P. Daret; mais il suivit plutôt la manière de Bloemaert, dont son maître était élève. La pureté de son dessin le plaça au premier rang et empêcha de faire attention à la froideur de son burin. Il a formé un grand nombre d'élèves, dont quelques·

uns l'ont sans doute aidé, puisqu'on trouve plus de
400 planches qui portent son nom.

FACE PRINCIPALE; PREMIER RANG.

56 Portrait de Bossuet, gravé par PIERRE-IMBERT
   DREVET, né en 1697 à Paris; mort en 1739.
   *Epreuve avec le coup de lumière sur le dos
   du fauteuil.*

Ce Portrait, gravé d'après Rigaud, présente un des
plus grands prélats de la France, debout en habits
pontificaux et couvert du manteau ducal en hermine :
la main droite est appuyée sur un livre par lequel
l'Artiste a désigné les écrits dont s'est occupé Jacques-
Bénigne Bossuet, précepteur du Dauphin fils de Louis
XIV, et depuis évêque de Meaux et comte de Troyes.
Il est impossible de ne pas être surpris en pensant que
ce portrait a été gravé par Drevet à l'âge de 26 ans. On
y remarque un nombre de travaux infiniment variés,
qui rendent avec une justesse étonnante les chairs et
les cheveux; de l'hermine, du linon, de la dentelle,
de la moire, du velours, des franges d'or et des ornemens de bronze.

Parmi les Epreuves avec le coup de lumière, on
connaît encore deux différences : celle-ci est avec les
fautes *Constorianus* au-lieu de *Consistorianus* et *Tre-
censes* pour *Trecensis*.

57 La Vierge *à la Chaise*, par JEAN-GOTHARD
   V. MULLER, Graveur, né en 1747, à Berhausen
   dans le royaume de Wurtemberg. *Epreuve
   avant toutes lettres.*

Cette charmante composition de Raphaël présente
la Vierge assise tenant l'Enfant Jésus dans ses bras
et le serrant contre son sein; près d'elle est Saint

Jean-Baptiste joignant les mains en signe d'adoration.

Ce précieux tableau, que l'on a vu au Musée de Paris, est maintenant à Florence au palais Pitti.

Muller, en le gravant d'après le dessin qu'en avait fait M. Dutertre à Florence, a su conserver tout le mérite de l'original, et s'est mis ainsi au rang le plus élevé des Graveurs modernes. On peut admirer dans sa gravure la beauté du burin, sans y trouver ces tailles dont la disposition singulière et l'arrangement hardi sont plutôt des difficultés vaincues qu'une perfection de l'art.

Cette gravure fait partie du Musée publié par MM. Robillard-Péronville et Laurent; les épreuves avant la lettre sont fort recherchées, et ne se rencontrent pas souvent séparées de la collection. Sadeler, Van-Schuppen, Bartolozzi et Morghen avaient déjà gravé ce tableau.

58 Bataille de la Hogue; par WOOLLETT. *Voyez n°. 60. Epreuve avant la lettre.*

Cette célèbre bataille, qui eut lieu le 29 Mai 1692, à la Hogue près Cherbourg, entre la flotte française et les flottes réunies de l'Angleterre et de la Hollande, fit autant d'honneur à Tourville que celles qu'il avait gagnées précédemment, puisqu'il sut tenir la mer pendant toute la journée avec 50 vaisseaux contre 88, et que sa retraite seule donna aux Anglais le droit de se dire victorieux.

59 Jésus-Christ présenté au Peuple; gravé par REMBRANDT VAN RHIN, Peintre et Graveur, né le 15 Juin 1606, dans un moulin près de Leyde; mort à Amsterdam en 1674. *Epreuve avant les contre-tailles sur le visage de celui qui présente le roseau à J.-C.*

Cette pièce est une des plus grandes et des plus

belles compositions de Rembrandt; la tête du Christ
même ne manque pas de noblesse; mais la plupart
des autres sont triviales et même ignobles : cependant
cette pièce montre le plus grand talent et une entente
parfaite du clair-obscur. Il ne faut point y chercher
ce brillant et ce charme de la gravure au burin, ni la
finesse et la légèreté des eaux-fortes; le travail est
fait sans goût et sans art, les travaux sont mêlés, les
tailles s'embrouillent de manière à ce qu'il est impossible en quelque sorte de suivre un semblable modèle :
aussi, parmi les nombreux imitateurs de Rembrandt,
aucun n'est parvenu à l'égaler, et plusieurs ont fait voir
qu'ils avaient pris une route dans laquelle ils s'éga-
raient, parce qu'au-lieu de suivre leurs propres idées,
ils avaient voulu marcher sur les traces d'un génie
singulier.

Cet artiste, également célèbre en peinture et en
gravure, s'est montré original dans l'un et dans l'autre
de ces arts; le clair-obscur est surtout la partie dans
laquelle il s'est distingué.

Ses tableaux sont toujours très-chers et ne se rencontrent que difficilement; il n'en est pas de même de
ses gravures, qui sont au nombre de 378, et dont
beaucoup de pièces se trouvent fréquemment : cependant d'autres sont très-rares, et quelques-unes même
introuvables. Son goût pour l'argent lui donna l'idée
de vendre à des amateurs des épreuves de ses planches
avant d'être terminées, ou bien en y faisant quelques
changemens; soit que par ce moyen il les vendît plus
chers, soit seulement qu'il en vendît un plus grand
nombre, puisqu'il se trouve en effet quelques planches
dont on connaît cinq, six, et même sept états différens
dans le même œuvre.

Excepté quatre ou cinq pièces, qui à la rareté
joignent le mérite de la beauté, les autres gravures les

plus rares sont des études ou des *griffonis* presque sans mérite , et dont la planche a été brisée par Rembrandt mécontent de son travail. Il se trouve aussi des sujets dont le prix est très-élevé quoiqu'on les voye assez fréquemment ; mais alors la beauté de l'épreuve et sa conservation causent cette différence énorme.

60 La Mort de Wolff , gravée par GUILLAUME WOOLLETT, né en 1735, à Maidstone en Angleterre ; mort à Londres en 1785. *Epreuve avant la lettre.*

Le Général Wolff, commandant en chef des troupes anglaises dans les guerres du Canada , fut tué à la bataille de Québec , en 1759. Le Roi lui fit élever un tombeau dans l'église de Westminster ; mais ce qui a le plus contribué à immortaliser le nom de ce général, c'est la gravure publiée en 1776, d'après le tableau de West , qui représente Wolff mourant, au moment où un officier vient annoncer le gain de la bataille.

Woollett a gravé peu de sujets historiques; mais il a montré qu'il pouvait également traiter l'histoire ; cependant sa grande réputation est comme Graveur de paysage ; il l'emporte sur tous ses concurrens, et s'il a imité Vivarès dans son feuillé, et Balechou dans ses eaux, il a perfectionné la manière de l'un et de l'autre ; il est impossible de mieux distinguer qu'il ne l'a fait les diverses espèces d'arbres , et de donner à ses lointains le vaporeux si difficile à conserver dans la gravure.

61 Clytie et l'Amour, gravés par FRANÇOIS BARTOLOZZI. *Voyez n.º 13. Epreuve avant la lettre.*

Clytie toujours éprise du Dieu de la lumière , et blessée de ce qu'il l'avait abandonnée pour Leucothoé, voulut s'en venger en faisant connaître à Orchame, roi des Achæméniens, la faiblesse de sa fille; cette vengeance ne lui réussit pas, puisque étant cause de la mort de sa rivale, Apollon s'éloigna d'elle encore davantage.

Carrache, dans ce tableau, nous a représenté Clytie caractérisée par la fleur de Tournesol qu'elle tient à sa main; l'aiguillon de la jalousie, dont elle est armée, repousse l'Amour, qui témoigne la douleur que cette passion fait toujours ressentir.

62 Le Vendeur de mort-aux-rats, gravé par CoR-
NEILLE VISSCHER, né en Hollande vers 1610.
Epreuve avant la lettre.

Il est fâcheux sans doute qu'un des meilleurs Graveurs ait traité un sujet aussi trivial; mais il l'a rendu avec tant de vérité, l'expression de la physio-nomie du vieillard est si naturelle, celle du jeune garçon qui le regarde exprime si bien la fraîcheur de cet âge, qu'on admire le talent du Graveur, sans être repoussé par ce que cette composition présente de désagréable.

Corneille Visscher, à qui l'on pourrait accorder la palme de la gravure, s'est montré grand coloriste dans tous ses ouvrages; il a su allier avec la plus parfaite intelligence les travaux du burin et ceux de l'eau-forte.

FACE PRINCIPALE; DEUXIÈME RANG.

63 Sainte Geneviève, gravée par JEAN-JACQUES
BALECHOU, né en 1715, à Arles; mort à Avi-
gnon en 1764. *Epreuve avant la lettre.*

Sainte Geneviève, patrone de Paris, y mourut en 512, à l'âge de 89 ans; elle était née à Nanterre, et fut consacrée à Dieu par Saint Germain, évêque d'Auxerre, dans un voyage que fit ce prélat pour aller en Angleterre combattre l'hérésie pélagienne.

Sainte Geneviève est assise sur une pierre, ayant à ses pieds quelques moutons : elle a interrompu ses occupations pour se livrer à la lecture.

Cette estampe, d'après Vanloo, est le seul sujet d'histoire qu'ait gravé Balechou, qui s'est d'abord fait connaître par de beaux portraits, ensuite par des marines dont les eaux sont un modèle qu'on a souvent cherché à imiter, et que Woollett seul est parvenu à atteindre.

Parmi les épreuves avant la lettre, il y a plusieurs différences : celle-ci est avant la jupe rélargie par en bas, et le haut de la planche n'est pas encore d'équerre.

64 Eliézer et Rébecca, par DREVET. *Voyez n.º 56.*
     Epreuve avant la lettre.

Rébecca, debout, accompagnée de plusieurs autres femmes, arrive à la fontaine où l'attendait Eliézer, serviteur d'Abraham, que ce patriarche avait envoyé en Mésopotamie chercher la femme destinée à son fils Isaac.

Cette estampe, gravée d'après Coypel, ne présente pas un dessin correct ; mais le burin est d'une grande beauté : on ne connaît que trois épreuves avant la lettre.

65 Tête de Moyse, gravée par EDELINCK et NAN-
     TEUIL. *Voyez n.*ᵒˢ 25 et 97.

Le législateur du peuple juif vu à mi-corps tenant les tables de la loi, que Dieu lui a remises sur le mont Sinaï.

Cette estampe nous fait voir réuni le talent de deux des plus habiles Graveurs du siècle de Louis XIV. Nanteuil en mourant avait laissé cette planche imparfaite ; vingt ans après sa mort, Edelinck la termina et la livra au public. On retrouve dans la tête toute la perfection et la finesse des plus beaux portraits de Nanteuil, jointes à la vigueur et à l'expression qu'Edelinck a su donner à toutes ses gravures.

66 La Peste d'Ægine, gravée par GÉRARD AUDRAN, né en 1640, à Lyon ; mort à Paris en 1703. *Épreuve avant la lettre.*

Ægine ayant été enlevée par Jupiter, fut transportée dans l'île d'Œnone, qui reçut alors son nom ; elle y donna naissance à un fils. Æaque, devenu roi, gouverna sagement son peuple ; mais Junon, toujours jalouse, envoya dans cette île un serpent qui empoisonna toutes les sources, et fut ainsi cause d'une peste, dont Ovide donne une longue et terrible description. Mignard, en faisant ce tableau, a bien rendu toutes les scènes d'horreur dont parle le poète.

Audran, né en France, d'une famille déjà connue dans la gravure, apprit les élémens de son art dans la maison paternelle ; tout son talent appartient donc en entier à la France ; et il s'est élevé au premier rang parmi les Graveurs. Sa manière peut-être plaira moins que celles d'Edelinck et de Poilly ; mais excellent dessinateur, il n'a jamais cherché à faire briller son outil : il est bien difficile de connaître sa méthode, parce qu'il n'en avait pas ; maître de son burin comme de sa pointe, il a su mêler ces divers travaux suivant ce qu'il jugeait nécessaire pour rendre avec précision le tableau qu'il copiait.

67 Portrait du Maréchal d'Harcourt, gravé par ANTOINE MASSON, né en 1636, près d'Orléans ; mort à Paris en 1700. *Epreuve avant le chiffre 4.*

Henri de Lorraine, comte d'Harcourt, d'Armagnac, et de Brionne, grand écuyer de France en 1643, peint à mi-corps, par Pierre Mignard : c'est un chef-d'œuvre

de gravure, dans lequel on peut justement admirer la
diversité du travail que l'artiste a employé pour rendre
les chairs, les cheveux, les étoffes, les broderies et
les plumes.

Cette gravure fit partie de la première exposition
faite dans la galerie du Louvre en 1699; elle a conservé dans le commerce le nom de *cadet à la perle*,
qui lui vient du bijou que l'on remarque à l'oreille du
prince. Masson a gravé plusieurs beaux portraits,
parmi lesquels quelques-uns sont des chefs-d'œuvre :
son œuvre se compose de 70 pièces.

Dans les épreuves postérieures, dans la marge à
gauche, vers la hauteur où est écrit le nom de Mignard,
on voit le chiffre 4.

68 Le Couronnement d'épines, gravé par SCHELTE
   DE BOLSWERT, né en 1586 à Bolswert en Frise;
   mort à Anvers, vers 1670.

Jésus-Christ assis, les mains liées, et couronné d'é-
pines, tient un roseau à la main; ses bourreaux le
saluent par dérision et l'appellent *Roi des Juifs*. Cette
pièce, gravée d'après Van Dyck, donne une haute
idée du talent du Graveur, qui a su faire une estampe
superbe d'après un tableau qui laisse quelque chose à
désirer.

Quoique cet habile Graveur sût manier le burin avec
beaucoup d'assurance et de liberté, il n'a jamais cherché à montrer des tailles brillantes et hardies : il a
plutôt tâché d'imiter le vague de l'eau-forte; mettant
tous ses soins à rendre avec précision les beautés que
lui offrait son original; ne craignant pas, pour parvenir à l'effet, de confondre ses travaux; cherchant
toujours le pittoresque plutôt que ce qu'on nomme
la beauté de la gravure, et la rendant d'autant plus

belle en effet, qu'il s'occupait moins d'en ménager la
beauté.

Schelte a gravé plus de 200 pièces , dont plusieurs
grands sujets historiques, quelques portraits et quelques paysages.

69 La Magdeleine , gravée par EDELINCK. *Voyez
n.° 25. Epreuve avant la lettre.*

Après avoir vécu dans la dissipation, Marie-Magdeleine voulut revenir à Dieu ; elle sentit combien étaient
vaines toutes les parures auxquelles elle avait attaché
tant de prix ; elle les rejeta et les vendit ensuite pour
en donner la valeur aux pauvres.

Ce tableau fut commandé à Le Brun, premier Peintre
de Louis XIV, par madame de la Vallière, pour être
placé au couvent des Carmelites de la rue du faubourg
Saint-Jacques, où elle avait pris l'habit, sous le nom
de Louise de la Miséricorde. Le rapport de situa-
tion entre ces deux personnes célèbres par leur beauté
et leur repentir, a sans doute accrédité le bruit
qui a fait regarder cette pièce comme le portrait de
madame de la Vallière en Magdeleine ; mais rien ne
prouve une pareille assertion, et la figure ne présente
aucun caractère de ressemblance.

FACE PRINCIPALE; TROISIÈME RANG.

70 Saint Ambroise refusant l'entrée de l'Eglise à
l'Empereur Théodose-le-Grand, gravé par
JACQUES SCHMUTZER, né à Vienne, en 1733.
Epreuve avant la lettre.

Dans une sédition qui éclata en 390, le gouverneur de Thessalonique, capitale de la Macédoine,
ayant été tué, l'empereur Théodose envoya un de
ses officiers pour rétablir le calme ; mais le tumulte

augmentant, on massacra le lieutenant de l'Empereur, qui, en apprenant cette nouvelle, ordonna de passer au fil de l'épée les habitans de la ville au nombre de 7000. Saint Ambroise, archevêque de Milan, instruit de cette vengeance, mit l'Empereur en pénitence publique, et lui refusa l'entrée de l'Eglise.

Cet acte d'atrocité est d'autant plus extraordinaire de la part de ce prince, qu'il s'était fait remarquer par sa magnanimité et sa douceur, lors d'une conjuration formée contre lui cinq ans auparavant. Il poussa la générosité jusqu'à défendre de citer en justice ceux qui, sans être complices, en avaient eu connaissance et ne l'avaient pas découverte ; et après la condamnation des conjurés, il leur envoya leur grâce au moment où on les conduisait au supplice.

Cette Pièce, gravée d'après Rubens, est d'un burin large et hardi ; cependant elle fait voir qu'il ne suffit pas seulement de bien couper le cuivre pour faire de bonnes gravures. Schmutzer, élève de Wille, fait honneur à son Maître ; mais malgré le talent qu'il a déployé, on ne peut se dispenser de dire qu'en imitant sa manière, il a aussi imité et même outrepassé ses défauts.

71 Le Serment des Horaces, gravé par ALEX. MOREL, né à Paris, en 1765, où il travaille en 1818. *Epreuve avant la lettre.*

Une discussion s'étant élevée entre les Romains et les Albains, sous le règne de Tullus Hostilius, l'an 669 avant J.-C., le général d'Albe craignant une bataille dont le sort lui paraissait incertain, et qui affaiblirait même le peuple vainqueur, proposa de choisir trois combattans de chaque côté, en convenant que la victoire appartiendrait à celui

dés deux peuples dont les champions resteraient
victorieux.

David, d'après lequel cette Pièce est gravée, a
choisi le moment où le vieil Horace présente des armes à ses fils, et reçoit leur serment de se dévouer
pour le salut de leur pays. Sabine et Camille sont ap-
puyées sur leur mère, et semblent craindre les suites
d'un combat qui doit nécessairement causer des
regrets à l'une d'elles, puisqu'elle avait ses frères d'un
côté et son époux de l'autre.

Le Tableau original se voit dans la Galerie de la
Chambre des Pairs.

72 L'Aurore, gravée par RAPHAEL MORGHEN, né a
Naples vers 1760; vivant à Florence en 1818.
Epreuve avant la lettre.

Cette célèbre Composition du Guide est peinte
dans le plafond du Palais Rospigliosi, à Rome ; le Peintre a voulu, dans ce tableau, exprimer les différentes
heures qui, réunies, forment le *matin*. L'Aurore
répandant des fleurs, semble écarter le voile qui l'en-
veloppait, et paraître dans tout son éclat; l'Amour,
une torche à la main, représente l'étoile du matin, si
brillante au lever du soleil. Enfin, le Dieu du jour,
sur son char tiré par des chevaux fougueux qui chas-
sent les nuages devant eux, est accompagné de nymphes dont le nombre indique les jours de la semaine
plutôt que les heures, comme quelques personnes l'a-
vaient pensé.

Raphaël Morghen, encore jeune, publia cette gravure, qui le fit connaître de la manière la plus avantageuse; il a depuis publié un grand nombre d'Estampes, dont plusieurs peuvent être placées parmi les
chefs-d'œuvre modernes.

73 Les Bergers d'Arcadie, gravés par MAURICE
    BLOT, né à Paris vers 1745 ; mort en 1818.
    Epreuve avant la lettre.

    Cette Estampe, gravée d'après un des plus beaux
Tableaux du Poussin, est une allégorie dans laquelle
le Peintre a représenté les souvenirs de la mort au
milieu des prospérités de la vie. Un berger à genoux
montre un tombeau sur lequel on lit : *et in Arcadia
ego.* Ainsi que l'âge d'or était cité comme le temps le
plus heureux, de même les Poëtes ont parlé de l'Arcadie
comme du pays le plus délicieux ; mais le séjour dans
cette terre de félicité n'a pu sauver de la mort celui pour
lequel on a élevé ce tombeau. Cette idée de la mort au
milieu même des plaisirs, paraît affecter les divers personnages de cette scène, et suspendre la joie si naturelle à la jeunesse.
    Blot, élève de Saint-Aubin, s'est fait connaître avan-
tageusement par plusieurs gravures dans les Galeries
de Florence, du Palais royal et du Musée.

74 Les Patineurs, gravés par VISSCHER. *Voy. n.º* 62.
    Epreuve avant les noms.

    Les nombreux canaux de Hollande facilitent le com-
merce en été ; pendant l'hiver ils sont également
utiles, et l'usage d'y faire de très-longues courses sur
la glace, donne l'habitude de se servir de patins,
non comme un plaisir, mais comme une nécessité.
Dans une journée d'hiver, des hommes, des femmes
et des enfans sont réunis dans une tabagie, devant
une cheminée ; un fumeur, tenant sa pipe d'une main
et des pincettes de l'autre, vient de se débarrasser de
ses patins qui sont auprès de lui.
    Cette scène familière a été gravée d'après Adrien

Van Ostade, dont le pinceau vrai et la couleur brillante sont si habilement rendus dans cette gravure.

75 La Cène, gravée par Morghen. *Voy. n.°* 72.
Epreuve avant la virgule.

Ce Tableau a été peint par Léonard de Vinci, dans
le réfectoire des Dominicains de Milan; s'il fait admirer la douceur et la beauté du burin de l'un des plus
habiles graveurs modernes, il montre également la
fécondité du Peintre qui a donné une physionomie et
surtout un caractère varié à chacun des Apôtres, au
moment où ils entendent dire à leur divin maître : *L'un
de vous me trahira*, et Judas répondre : *Serait-ce moi,
Seigneur?*

Cette admirable production a placé Léonard au rang
des premiers génies de la peinture ; mais altéré depuis
long-temps, ce chef-d'œuvre ne laissera un jour que
des restes difficiles à apercevoir : la gravure de Morghen
fera revivre alors le Peintre florentin ; et ses ouvrages
fussent-ils tous effacés, cette Estampe seule suffira
pour perpétuer la réputation d'un des plus savans
peintres.

76 Le Bal, gravé par Jean Visscher, né à Amsterdam, *en* 1636; mort à .... *Epreuve
avant la lettre.*

Cette scène, gravée d'après Nicolas Berghem, représente l'intérieur d'une guinguette dans laquelle un
paysan et une paysanne dansent une espèce de
branle. La Composition fait voir que ce peintre, qui
n'a fait ordinairement que des paysages et des troupeaux, aurait pu traiter des Sujets historiques, si
cela eût été dans ses goûts.

Jean Visscher ne jouit pas d'une aussi grande réputation que son frère Corneille; cependant plusieurs de ses Estampes sont très-recommandables, surtout quelques paysages d'après Berghem, dans lesquels on trouve une vigueur et une hardiesse étonnantes.

PORTE DE LA GALERIE.

77 Sortie de la Garnison de Gibraltar, gravée par GUILLAUME SHARP. *Voy. n.º 34.*

78 Mort de Saint Etienne, gravée en mezzotinte, par VALENTIN GREEN, né à Londres en 1737; mort vers 1800.

Les Apôtres ayant demandé aux disciples de désigner sept d'entre eux pour les aider dans la distribution des charités qu'ils faisaient aux fidèles, ils leur imposèrent les mains, et appelèrent l'Esprit-Saint sur les sept diacres. Etienne, l'un d'eux, se distingua par son zèle et par ses discours, de manière à éveiller l'envie: des Juifs l'accusèrent d'avoir blasphémé, et le traînèrent hors de la ville pour le lapider; mais après son supplice, quelques hommes craignant Dieu, prirent soin d'ensevelir Etienne, et firent ses funérailles.

Ce Sujet, tiré des actes des Apôtres, et gravé d'après Benjamin West, est à-la-fois un des chefs-d'œuvre du peintre et du graveur : le Tableau original est dans l'église de Saint-Etienne Walbroock.

79 La Tempête, gravée par BALECHOU. *Voy. n.º 63.* *Epreuve avec la faute* compagine *au-lieu de* compagnie.

Cette Estampe, d'après un Tableau de Vernet, fait également honneur au peintre et au graveur : on retrouve la couleur et la vérité que Vernet a su mettre dans ses Tableaux. De toutes les marines, c'est celle dans laquelle on admire avec raison les eaux les plus brillantes.

Cette Pièce peut être regardée comme le chef-d'œuvre de Balechou, et n'a peut-être pas de pendant parmi les autres gravures de ce Maître.

EN FACE DES FENÊTRES; PREMIER RANG.

80 Saint Jean - Baptiste, gravé par le Maître de 1466. *Voy. n.º* 47.

Au milieu d'une Pièce ronde que l'on croit une *Patène*, Saint Jean-Baptiste est assis sur un rocher, ayant son agneau couché près de lui et un livre sur ses genoux. Autour de ce Sujet on voit des rinceaux d'ornemens, formant huit ronds, dans lesquels sont les quatre pères de l'Eglise et les animaux symboliques des quatre évangélistes.

Cette Pièce, de la plus grande rareté, est marquée, dans le haut, de l'année 1466.

81 Jugement de Salomon, gravé par le Maître de 1466. *Voy. n.º* 47.

Si le sujet de cette gravure ne présentait pas un fait qui n'est cité que dans l'histoire des Hébreux, il serait difficile de reconnaître le roi Salomon dans un personnage vêtu avec le costume du XVe siècle, assis sous un dais orné de plusieurs écussons, dont celui du milieu représente les armes de France. Nous avons déjà eu occasion de faire remarquer de semblables anachronismes dans les compositions de ces anciens Maîtres.

82 Adam et Eve mangeant le fruit défendu, gravés par le Maître de 1466. *Voy. n.º* 47.

Auprès d'un arbre qui a la forme d'un oranger,

on voit deux figures nues assez mal dessinées. On ne peut dans cette Pièce admirer aucune partie du travail; la rareté et l'ancienneté en font seules le mérite.

83 Tête de Christ, gravée par le Maître de 1466. *Voy. n.º* 47.

Le Sauveur représenté à mi-corps, donne la bénédiction d'une main; de l'autre il tient la boule du Monde surmontée d'une croix. Dans le haut, on lit en lettres gothiques : *Sanctus salffidor*, et au-dessus l'année 1467, entre les deux lettres E S qui sont les initiales du nom du graveur.

Il est étonnant de voir qu'un si beau caractère de tête soit le travail d'un artiste qui, dans le reste des figures, montre si peu de connaissance de l'art du dessin.

84 Saint George, gravé par le Maître de 1466. *Voy. n.º* 47.

Saint George à cheval, vient d'enfoncer sa lance dans la gueule d'un dragon qui s'accroche à la jambe de son cheval : il lève son épée pour l'exterminer entièrement, et délivrer ainsi la reine de Lydie, qu'on voit à genoux dans le fond; et qui devait être dévorée par ce monstre.

Il est difficile de trouver une Epreuve aussi bien imprimée, d'un ton aussi vigoureux et d'une aussi belle conservation ; on peut s'étonner qu'une chose si fragile que du papier, soit restée intacte après un espace de près de quatre cents ans.

85 Sainte Véronique, gravée par le Maître de 1466. *Voy. n.º* 47.

C'est bien improprement qu'on a donné le nom de *Véronique* à une prétendue Sainte-Femme de Jérusalem, qui aurait offert à J.-C. montant au calvaire, son voile sur lequel le Sauveur, en s'essuyant, aurait laissé les traces de sueur et de sang, qui couvraient son visage. Un bref de l'année 1011 établit le culte en l'honneur de la *Vera Iconica* (véritable image), d'où sont venus par corruption dabord le mot *Véronique*, puis plus tard les noms de *Vérone*, *Venise* et *Berenice*.

86 Portrait de l'Empereur Charles V, gravé par BARTHÉLEMY BEHAM, né à Nuremberg vers 1502; mort à Rome vers 1540.

Charles V, né à Gand en 1500, roi d'Espagne à l'âge de 16 ans, devint Empereur en 1519. Rival de François I.er, ces deux princes, sans cesse en guerre l'un contre l'autre, se firent remarquer en plusieurs occasions par leur valeur. En 1555, Charles V abdiqua la couronne d'Espagne en faveur de son fils Philippe II, et l'année suivante il céda l'empire d'Allemagne à son frère Ferdinand. Ce monarque, qui avait été si orgueilleux pendant son règne, se retira dans le monastère de Saint-Just en Castille, et y mourut en 1558.

Son Portrait, vu de trois quarts et tourné vers la droite, paraît d'une grande ressemblance; il donne une haute idée du talent de Barthélemy Beham, qui s'est également distingué dans la peinture et dans la gravure. L'inscription qui est au bas indique que ce Portrait représente l'Empereur à l'âge de 31 ans, et lui donne la qualité de divin.

87 Portrait de l'Empereur Ferdinand I.er, gravé par BARTHÉLEMY BEHAM. *Voy. n.° 86.*

Ferdinand I.er, né à Médine en Castille, dans l'année 1503, succéda à son frère Charles V, en 1558. Ce prince, sage et modéré, voulant tâcher de réunir à l'Eglise la secte qui suivait le parti de Luther, allait obtenir du pape Pie IV l'usage de la communion sous les deux espèces, lorsqu'il mourut en 1564. Il avait espéré, par cette innovation, faire cesser le schisme qui existe encore aujourd'hui.

Ce Portrait est le pendant de celui dont nous venons de parler. L'inscription qui est au bas, semblable à la précédente, donne aussi la qualité de divin à ce prince, qui, en 1532, était âgé de 29 ans.

88 Le Déluge, gravé par THIERRY VAN STAREN, vivant en Hollande de 1522 à 1544.

Cette Gravure représente le genre humain périssant sous les eaux du Déluge, et l'Arche dans laquelle fut sauvée la famille du patriarche Noé: c'est une des plus grandes et des plus riches compositions qui se trouvent parmi les ouvrages des Vieux Maîtres. Sur le devant à gauche, on voit l'année 1544, et une marque qui est celle de l'artiste, quoiqu'elle ne paraisse pas avoir d'analogie avec son nom.

Par la corruption des noms dans les différentes langues et dans les différens siècles, le nom latin *Theodoricus* est devenu *Thierry* en français, *Dirk* en flamand et *Rodrigue* en portugais; de manière que la lettre D indique bien en flamand le prénom *Thierry*, la lettre V marque la préposition *Van*, et que l'étoile, qui se dit *Staren* en flamand, est le nom propre de notre artiste, sur le compte duquel on n'a aucun renseignement et dont on ne connaît que 20 Pièces.

89 Les cinq Saints, gravés par MARC-ANTOINE. *Voy. n.º* 49.

La singularité de cette Composition et la difficulté de l'expliquer lui ont fait donner, dans le commerce,

un nom dont la consonnance est désagréable et qui
ne présente rien à l'esprit. Ainsi que nous l'avons
déjà fait observer, il arrivait souvent dans ce temps
que les couvens ou les personnes pieuses qui com-
mandaient un Tableau, au-lieu d'indiquer au peintre
un sujet historique, lui ordonnaient de placer tel
et tel personnage qui n'avaient entr'eux aucun
rapport, et mettaient ainsi l'artiste dans l'impos-
sibilité de faire autre chose qu'une Composition
allégorique dont quelquefois on ne peut deviner l'objet.
Dans le haut de cette estampe, on voit le Sauveur
assis sur des nuages, ayant auprès de lui la Vierge
et Saint Jean-Baptiste ; au bas on voit la figure de
Saint Paul et celle de Sainte Catherine.

Cette Estampe est gravée d'après un dessin de
Raphaël, qui n'est pas entièrement conforme au
Tableau exécuté seulement du double de grandeur,
et qui se voyait dans l'Eglise des Religieux de Saint-
Paul à Parme. Il serait difficile de rencontrer une
épreuve aussi brillante et d'une conservation aussi
parfaite.

90 La Vierge *à la longue Cuisse*, gravée par Marc-
Antoine. *Voy. n.° 49.*

Cette Sainte Famille est une des plus belles Pièces
que Marc-Antoine ait gravées d'après Raphaël. En
voyant un sujet si souvent répété par tous les peintres, on ne peut disconvenir que Raphaël n'ait su
se l'approprier, en lui donnant toujours une grâce
douce et fière, naïve et majestueuse, avec des formes
simples et nobles.

91 Sainte Famille, gravée par Augustin Musis dit

AUGUSTIN VÉNITIEN, né à Venise vers
1490; mort à Rome vers 1540.

La Vierge soutient l'Enfant Jésus, qui descend de
dessus ses genoux, pour jouer avec Saint Jean-Baptiste, debout auprès d'elle, et soutenu par un Ange.
A droite un autre Ange en adoration. Au bas, on
voit la marque A V. On croit cette Pièce gravée
d'après le dessin de Francia.

Augustin Vénitien, élève de Marc - Antoine,
a suivi sa manière au point qu'il a quelquefois été
confondu avec lui; cependant il lui est inférieur dans
la correction du dessin. Les Pièces gravées par
Augustin Vénitien passent le nombre de 180.

92 Saint Michel, gravé par Augustin Musis. *Voy.*
n.º 91.

Saint Michel debout tient sous ses pieds le démon:
il a la main droite armée d'une lance, et porte l'autre
main sur la poignée de son épée. Cette Pièce est
gravée d'après Raphaël.

On voit en bas, à droite, les lettres A V.

93 Clélie traversant le Tibre, gravée par Jules
Bonasone, Peintre et Graveur, né à Bologne
en 1498; mort à Rome en 1564.

Clélie, l'une des filles romaines données en ôtage
à Porsenna, lorsqu'il mit le siége devant la ville
de Rome, l'an 507 avant J.-C., parvint à s'échapper
du camp ennemi et traversa le Tibre à la nage. Le
peuple romain, craignant les malheurs que pouvait
lui attirer ce manque de foi, fit reconduire la jeune
héroïne au camp de Porsenna; mais le prince, admirant une action si courageuse, renvoya Clélie en
lui faisant présent d'un beau cheval, et en lui accor-

dant la permission d'emmener avec elle celle de ses compagnes qu'elle voudrait choisir.

Cette pièce est gravée, suivant quelques-uns, d'après Polidore de Caravage; mais on peut avec plus de raison l'attribuer à Rosso. On lit au bas l'inscription : *IV. Bonaso. imitando pinsit et celavit.*

Bonasone, élève de Marc-Antoine, n'a jamais acquis la pratique d'un burin délicat, ni la science de bien conduire les hachures; il semble qu'il ait plutôt désiré faire connaître des sujets intéressans par leur composition, que cherché à rendre des figures dessinées correctement : il a aussi négligé les accessoires, ce qui donne à ses pièces une sécheresse souvent désagréable. Son œuvre monte à plus de 350 Pièces, dont une grande partie est faite d'après ses propres compositions.

94 La Sainte Famille, gravée par BENOIT MONTAGNA, né à Vicence en 1458; mort à Vérone, vers 1530.

La Vierge, assise sur un tapis étendu sur le gazon, presse l'Enfant Jésus entre ses bras; Saint Jean est assis à sa gauche, et Saint Joseph est sur le devant dans un fossé, de manière qu'on ne voit que le haut de son corps. Le fond offre une rivière traversée par un pont de pierre, et aux bords de laquelle on voit des bâtimens magnifiques.

Au milieu dans le haut, on lit le nom du Graveur BENEDECTO MONTAGNA.

Cet ancien Graveur italien n'a donné qu'un petit nombre de Pièces dont la rareté fait le principal mérite.

95 Statue de Vénus, gravée par JEAN-ANTOINE, né
à Brescia en 1461.

Vénus debout cherchant à soutenir une draperie
qui tourne en partie autour d'elle.

Cette Pièce est gravée d'après un marbre antique
qui venait d'être découvert à Rome, ainsi que l'indique l'inscription qu'on voit en bas à gauche. Au
milieu se trouvent les lettres 10.AN.BRIXIA9, qui désignent le nom du Graveur.

Les Pièces de ce Maître sont rares ; il est cependant très-probable qu'on doit également lui attribuer
celles qui sont marquées A. Z., et que *Zoan-Andrea*
(Jean-André) de Venise n'est autre que Jean-Antoine,
de Brescia. Nous aurons, dans une autre circonstance,
occasion d'éclaircir cette discussion, qui serait déplacée
dans cette notice.

96 La Justice, gravée par JEAN-ANTOINE. *Voyez*
n.º 95.

Une figure allégorique de la Justice, tenant un
glaive d'une main et un compas de l'autre ; dans le
haut de l'estampe est l'inscription ALMA — JUSTICIA,
et en bas les lettres 10.AN.BX.

EN FACE DES FENÊTRES ; DEUXIÈME RANG.

97 Portrait de Colbert, gravé par ROBERT NANTEUIL,
né à Rheims en 1630 ; mort à Paris en 1678.

Jean-Baptiste Colbert, né à Rheims en 1619, mourut
à Paris en 1683. Il avait d'abord travaillé chez le ban-
quier du cardinal Mazarin, dont il devint l'intendant.
A la mort de cette Eminence, et d'après sa recommandan-
dation, le Roi l'appela au ministère, où il succéda au
sur-intendant Fouquet, en 1661. C'est alors que com-

mença vraiment le beau siècle de Louis XIV. Les
arts furent encouragés , les savans récompensés , le
commerce protégé. L'Académie française avait été instituée par le cardinal de Richelieu; mais c'est Colbert qui
établit l'Académie des Inscriptions et Belles-Lettres ,
en 1663 ; l'Académie des Sciences, trois ans après ;
et l'Académie d'Architecture, en 1671. L'Académie de
Peinture, qui avait été instituée dès 1648., prit en 1667
un nouvel éclat par la fondation de l'Ecole de Rome
et la distribution des prix aux élèves. Colbert n'ou-
blia rien pour faire briller la Bibliothèque du Roi : il
la transporta de la rue de la Harpe dans deux mai-
sons de la rue Vivienne. C'est à lui qu'on doit l'origine
du département des Estampes, par l'acquisition qu'il
fit faire au Roi de la collection recueillie par l'abbé de
Marolles, et par l'ordre qu'il donna de faire graver
aux frais de l'Etat les plus beaux tableaux du cabinet
du Roi. Ce ministre, dont nous ne parlons que comme
protecteur des arts, s'est également distingué par ses
grandes vues financières et commerciales ; il a laissé
une bibliothèque très-riche en manuscrits qui, par la
suite , ont été réunis à ceux de la Bibliothèque du Roi.

Nanteuil reçut une très-bonne éducation , et il avait
un goût tellement vif pour l'art dans lequel il devint si
célèbre, qu'il grava lui-même l'estampe qui orne sa
thèse de philosophie : il n'a jamais traité d'autres sujets
historiques ; mais il tient le premier rang parmi les Graveurs de portraits. Il en a fait plusieurs, grands comme
nature; et dans cette forte proportion sa gravure est
moëlleuse et colorée , ses cheveux sont d'une légèreté
admirable, et le travail qu'il a employé dans les chairs
n'a pas encore trouvé d'imitateurs.

Son œuvre est composé de près de 3oo pièces dont
une vingtaine sont très-recherchées.

98 Héli et Samuël; gravés par VALENTIN GREEN.
    Voyez n.º 78. Épreuve avant la lettre.

Samuël, fils d'un simple lévite, avait été consacré à
Dieu par ses parens, et il était élevé par le grand-
prêtre Héli, dans le temple du Seigneur.

Tandis que Samuël était endormi, Dieu fit entendre
sa voix, en disant : *Samuël! Samuël!* L'enfant se
leva, et venant trouver Héli, lui dit: *Me voici, car
vous m'avez appelé*; mais le grand-prêtre connaissant
que c'était la voix de Dieu qui s'était fait entendre,
dit à Samuël : *Allez et dormez ; si le Seigneur vous
appelle encore, répondez : Parlez Seigneur, parce que
votre serviteur vous écoute.*

Cette scène, représentée avec la majesté et la simplicité qu'elle doit avoir, fait également honneur au pinceau de Copley et au talent de Valentin Green, qui,
avec Richard Earlom, partage la palme de la gravure
en mezzotinte.

99 Repos en Egypte, gravé par MORGHEN. *Voyez
    n.º 72. Épreuve avant la lettre.*

Pour éviter la persécution d'Hérode, Saint Joseph
fut averti en songe de quitter Nazareth et d'aller en
Egypte. Pendant un moment de repos dans leur
voyage, on voit la Vierge assise, tenant sur ses genoux
l'Enfant Jésus à qui des Anges offrent du lait et du
miel; deux autres dans les airs répandent des fleurs
sur lui; à côté, est Saint Joseph endormi, et dans le
fond, à gauche, on aperçoit l'âne encore chargé de
leur bagage.

100 Présentation de Jésus-Christ au Temple, gravée
    par PAUL PONTIUS, né à Auvers, vers 1596.
    Épreuve avant les rayons.

Chez le peuple Juif l'usage était que, six semaines après l'accouchement, la mère vint au temple présenter son enfant et s'y purifier; la Vierge ne voulut pas se soustraire à cet usage religieux, et l'église en a conservé le souvenir dans la fête célébrée le 2 Février, sous le nom de *Présentation de J. C.* et de *Purification de la Vierge*: l'évangile nous apprend que, lors de cette cérémonie, le vieillard Siméon ayant pris l'Enfant Jésus entre ses bras, chanta un cantique dans lequel il remercia Dieu, en disant: *Mes yeux ont vu le Sauveur.* C'est cet instant que Rubens a représenté dans son tableau.

Quoique Pontius ait montré beaucoup de talent dans les sujets historiques qu'il a gravés, il est bien plus célèbre par le grand nombre de portraits que nous lui devons. Elève de Vorsterman pour la gravure, il travailla sous les yeux et d'après les conseils de Rubens, dont il partageait l'amitié avec Schelte de Bolswert, son condisciple.

101 Le Temps faisant danser les Saisons, gravé par MORGHEN. *Voyez n.° 72.*

La dénomination de ce tableau ne paraît pas lui convenir, et c'est plutôt une allégorie de la vie humaine, dans laquelle Nicolas Poussin a montré le Temps jouant de la lyre et faisant danser quatre femmes qui, sous la figure des Saisons, représentent les différens états de la vie humaine: *la Pauvreté*, *le Travail*, *le Plaisir* et *la Richesse*. Ces femmes dansent en rond et se donnent la main pour marquer les changemens continuels qui arrivent dans la vie et la fortune des hommes.

La Richesse a les cheveux tressés d'or et de perles; le Plaisir est couronné de fleurs; la Pauvreté, vêtue d'un habit délâbré, a la tête entourée de rameaux dont les feuilles sont desséchées ; le Travail a les épaules découvertes et les bras décharnés. Auprès du Temps sont deux enfans dont l'un tient une horloge de sable, et semble compter les instans de la vie ; l'autre fait des bulles de savon, et montre ainsi la vanité et le néant de tous les biens de ce monde.

102 L'Exécuteur de Saint Jean-Baptiste, gravé par le prince ROBERT PALATIN, né vers 1619 ; mort à Springs-Garden, le 29 Novembre 1682.

Un homme mal vêtu, vu à mi-corps et de profil, tenant de la main gauche une épée et de l'autre une tête qu'il regarde, et qui est celle de Saint Jean-Baptiste : on la reconnaît à la croix appuyée sur l'épaule de l'exécuteur, et autour de laquelle est une bande-rolle, où sont écrits les mots, *Ecce agnus Dei.*

Sur la lame de l'épée on voit les lettres R P, surmontées d'une couronne et suivies de l'année 1658. Le tableau original est de Ribera, dit l'Espagnolet.

Cette épreuve paraît unique.

Le Prince Robert a été regardé par quelques personnes comme l'inventeur de la mezzotinte, ou manière noire ; mais il a seulement importé en Angleterre les procédés que lui avait fait connaître Louis de Siegen pendant un voyage que ce prince fit en Allemagne, après la mort de Charles Ier.

103 Portrait d'Anne d'Autriche, gravé par ROBERT NANTEUIL. *Voyez n.º* 97.

Anne d'Autriche, mère de Louis XIV, et régente pendant sa minorité, mourut en 1666, âgée de 64 ans : elle ne manquait ni de beauté, ni de grâces, et c'est

à elle que la cour de France dut en partie les agrémens
et la politesse qui la distinguaient de toutes les autres ,
pendant ce siècle glorieux.

FACE DE L'ENTRÉE; PREMIER RANG.

104 Vase de Fleurs, gravé par RICHARD EARLOM,
né à Londres, vers 1728 ; mort vers 1790.
Epreuve avant la lettre.

Un vase rempli de fleurs est posé sur une table, où
l'on voit aussi un nid d'oiseau et une très-belle rose.

Si la gravure en mezzotinte est regardée par quelques personnes comme un genre peu digne d'être
exercé , elle mérite assurément quelque attention lorsqu'elle est exécutée avec la perfection qu'a su lui
donner Richard Earlom. Cet habile artiste , qui
s'est élevé au-dessus de tous ses compatriotes, a gravé
plusieurs sujets historiques fort recherchés ; il a aussi
publié un grand nombre de portraits dont plusieurs sont
très-estimés. Ce genre de gravure, auquel on peut repro-
cher principalement de manquer de fermeté, et de ne
pouvoir dessiner avec précision les contours dans
les figures , semble être destiné à rendre parfaitement
le velouté des fleurs ; aussi cette estampe , gravée
d'après un tableau de Van Huysum, est-elle justement
recherchée. Si les tableaux de fleurs de ce Maître font
éprouver tant de plaisir, la gravure en mezzotinte en
retrace bien toute la finesse et les agrémens.

105 Statue de Laocoon, gravée par JEAN GUILLAUME
BARVEZ, connu sous le nom de *BERVIC*, né
à Paris, en 1756. *Epreuve avec le nom du
Graveur, tracée à la pointe sèche.*

Fils de Priam et prêtre d'Apollon , Laocoon, par
amour pour sa patrie , s'était opposé à l'entrée dans
Troie, du cheval de bois, qui renfermait les Grecs armés

pour sa ruine. Dans l'espoir de dessiller les yeux de ses
concitoyens , il avait osé lancer un dard contre la fatale
machine : irrités de sa témérité, les Dieux ennemis de
Troie résolurent de l'en punir.

Peu d'instans après , lorsque , sur le rivage de la mer,
Laocoon sacrifiait à Neptune, deux énormes serpens s'é-
lancent sur lui et sur ses deux enfans ; en vain ils cher-
chent à lutter contre ces monstres. Malgré les efforts
qu'il fait pour se dégager, père infortuné, victime déplo-
rable d'une injuste vengeance, il tombe avec ses fils sur
l'autel même du Dieu , et tournant vers le ciel des
regards douloureux , il expire dans les plus cruelles
angoisses.

Tel est le sujet de cet admirable groupe , chef-
d'œuvre de composition , de dessin et de sentiment ;
l'un des plus parfaits ouvrages de la sculpture ancienne,
comme cette gravure est une de celles qui font le plus
d'honneur à son auteur et à la France.

Ce groupe a été trouvé , en 1506, dans les ruines du
palais de Titus , sur le mont Esquilin , à Rome ; c'est
là où l'avait vu Pline , à qui l'on doit la connaissance
des trois habiles Sculpteurs qui ont travaillé à ce chef-
d'œuvre ; ils se nommaient Agésandre , Polydore et
Athénodore.

106 Neptune et Amphitrite, gravés par JOSEPH
   THÉODORE RICHOMME , né en 1785 , à Paris.
   Épreuve avant la lettre.

Ce groupe, gravé d'après Jules-Romain, est une des
gravures ordonnées par la Société des Amis des Arts.
La manière dont il est gravé décèle un goût excellent, et
fait naître les plus belles espérances pour les productions que l'âge de l'Artiste donne le droit d'attendre de
lui.

107 Groupe de Fruits et Fleurs , gravé par EARLOM.
Voyez n.º 104. Epreuve avant la lettre.

Des fruits et du raisin posés sur une table auprès
d'un vase dans lequel on voit quelques fleurs. Composition gracieuse, gravée d'après un tableau de Van
Huysum, et qui sert de pendant au vase de fleurs dont
nous venons de parler.

Ces deux pièces eurent un si grand succès que les
planches furent bientôt usées : le Graveur les recom-
mença ; mais dans sa copie il resta inférieur à lui-même.

FACE DE L'ENTRÉE; DEUXIÈME RANG.

108 Sainte Famille , gravée par ELIE HAINZELMAN ,
né à Augsbourg en 1640 ; mort dans la même
ville en 1693. *Epreuve avant le paysage et
le vase de fleurs placé sur la fenêtre.*

Cette Sainte Famille , gravée d'après Annibal Carrache , est connue sous le nom de *Silence du Carrache.* La Vierge paraît en effet empêcher Saint Jean
de faire aucun bruit ni de toucher à l'Enfant Jésus ,
dans la crainte de troubler son sommeil.

Hainzelman, élève de Poilly , a imité la manière
de son maître , et s'est acquis une grande réputation
par les gravures qu'il a publiées pendant son long séjour
à Paris.

109 Enlèvement de Déjanire , gravé par BERVIC.
Voy. n.º 105. Epreuve avant la lettre.

Hercule revenant avec Déjanire, qu'il venait d'é-
pouser, la confia au centaure Nessus pour lui faire
traverser le fleuve Evène qui était débordé. Le centaure ivre d'amour, et voyant Hercule à l'autre

bord, voulut enlever cette princesse ; mais le héros, outré d'une telle perfidie, lui décocha une flêche qui lui fit une blessure mortelle.

Le Guide a bien rendu toutes les expressions qui doivent agiter ces personnages. Le centaure abordant au rivage, croit déjà jouir du bonheur qu'il désire : l'amour, la joie et le plaisir sont peints dans ses yeux. Déjanire a pénétré son dessein ; la crainte du danger lui fait regretter de ne plus être auprès d'Hercule, qu'elle semble appeler à son secours. Tant de beautés dans l'expression doivent empêcher de remarquer que les draperies sont un peu lourdes et manquent de goût.

Ce Tableau est un des quatre, représentant les travaux d'Hercule, peints à Bologne pour le duc de Mantoue, qui les vendit à Charles I.er, roi d'Angleterre. Après la mort de ce monarque, ils furent achetés par Louis XIV.

110 La Transfiguration , gravée par MORGHEN. *Voyez n.º 72. Epreuve avant la lettre et avec le livre blanc.*

L'Evangile nous apprend que Jésus-Christ ayant emmené les disciples Pierre, Jacques et Jean sur une haute montagne, que l'on croit être le mont Thabor, à six lieues de Nazareth, « il se transfigura à leurs yeux, son visage devint brillant comme le soleil, et ses vêtemens éclatans comme la neige ; en même-temps ils virent paraître Moyse et Elie qui s'entretenaient avec lui ».

Pendant que cette scène miraculeuse avait lieu sur le haut de la montagne , on présente aux autres disciples restés en bas, un enfant possédé du démon et qui éprouve d'horribles convulsions dont ils ne peuvent le délivrer ; quelques-uns des apôtres parais-

sent indiquer que J. C. seul pourra opérer cette gué-
rison. Les deux diacres que l'on voit à genoux à gauche, sur le penchant de la montagne, sont, suivant
quelques personnes, Saint Etienne et Saint Laurent ;
suivant d'autres, les neveux du cardinal Jules de Médicis, archevêque de Narbonne, qui avait commandé ce
sujet à Raphaël pour orner son église. La France, à
qui ce tableau avait été destiné, l'a possédé pendant
vingt ans : elle en est privée. Raphaël a suivi un usage
que l'on rencontre fréquemment chez les anciens Peintres, de représenter dans le même tableau deux scènes
différentes, ce qui est absolument interdit maintenant.

Si le respect empêche de parler d'un défaut dans
l'ouvrage d'un grand Maître, peut-il être permis d'en
trouver un dans le chef-d'œuvre et le dernier tableau
de Raphaël ? Le Graveur s'est également distingué en
offrant une copie bien dessinée et d'une proportion
assez grande pour pouvoir rendre avec justesse les
expressions des têtes.

Il existe plusieurs gravures de ce beau tableau ; les
principales sont celles de Marc-Antoine, Corneille
Cort, Simon Thomassin, Nicolas Dorigny et Girardet.

111 L'Education d'Achille, gravée par BERVIC.
Voyez n.º 105. *Epreuve avant la lettre.*

Achille, fils de Thétis et de Pélée, fut confié par son
père au centaure Chiron, afin de recevoir une éducation digne d'un héros. Le centaure le nourrissait de
cœur de lions, et de moëlle de tigres, d'ours, de san-
gliers et d'autres bêtes sauvages : il l'instruisit dans
la musique et la médecine. L'auteur, M. Re-
gnaud, a représenté Achille apprenant à tirer de
l'arc : ce tableau fait honneur à l'Ecole française, et
il est heureux pour un Peintre d'être copié par un
aussi habile Graveur.

112 Résurrection de Tabithe, gravée par CORNEILLE
BLOEMAERT, né à Utrecht, en 1603 ; mort à
Rome, en 1680.

« Une sainte veuve nommée Tabithe étant venue à
mourir, les personnes qu'elle assistait pleuraient abon-
damment. Saint Pierre voyant leur affliction se mit en
prière et dit : *Thabite, levez-vous ;* aussitôt cette femme
fut rappelée à la vie. Ce miracle ayant été répandu dans
la ville de Jopé, plusieurs crurent au Seigneur ».

Cette pièce, gravée d'après Le Guerchin, est un chef-
d'œuvre où l'on trouve réuni ce que le burin peut
offrir de plus doux et de plus gracieux.

Bloemaert doit être regardé non-seulement comme
chef d'une bonne école, mais comme créateur d'une
nouvelle manière qui eut par la suite beaucoup d'imitateurs. Avant lui, un graveur, en rendant une composition, cherchait seulement à mettre toute la correction possible dans son dessin ; mais Bloemaert parvint
à rendre le clair-obscur et presque la couleur du
tableau. Sa manière, cependant, n'est pas exempte de
défauts ; il a souvent un peu de mollesse, et il n'a pas
su donner à ses travaux la variété que l'on rencontre
dans la gravure de ses successeurs.

Il a la gloire d'avoir été le maître et le modèle de
Natalis, Chasteau, Pitau et Poilly.

A COTÉ DE LA PORTE D'ENTRÉE; A DROITE.

113 Abisag présentée à David, gravée par EARLOM.
Epreuve avant la lettre. Voy. n.º104.

David étant devenu vieux éprouvait un froid tel que

rien ne pouvait l'en garantir ; « ses serviteurs pensèrent à lui donner une jeune fille, afin que, dormant avec lui, elle le réchauffât » : ils cherchèrent donc dans tout le pays d'Israël une fille jeune et belle ; ayant trouvé Abisag, de la ville de Sunam, ils l'amenèrent au Roi.

Ce Sujet, peint par Vander Werff, avec toute la grâce et le fini que ce maître donnait à ses Tableaux, est très-bien rendu par la manière de graver, en mezzotinte, qui exprime parfaitement le velouté et la fraîcheur des chairs.

114 Mort de Saint François, gravée par AUDRAN. *Voy. n.º 66. Epreuve avant la lettre.*

Jean Bernardon, né à Assise en 1182, si connu sous le nom de *François d'Assise*, resta dans le commerce jusqu'à l'âge de 25 ans. Sentant alors un grand mépris pour les biens de ce monde, il quitta sa famille, donna aux pauvres tout ce qu'il possédait, et fit vœu de pauvreté. C'est surtout à quoi il astreignit les Cordeliers, qu'il institua en 1209 sous le nom des Frères mineurs, pour désigner l'humilité dont ils faisaient profession, et les distinguer des Dominicains qui, s'adonnant à la prédication, semblaient supérieurs à eux. Il établit ensuite des religieuses de Sainte Claire ou pauvres-dames ; et enfin des hommes mariés ayant voulu suivre sa règle, il institua pour eux le tiers-ordre de Saint François, ou les Frères de la pénitence.

Pendant le cours de sa vie, Saint François s'étant retiré sur une montagne très-élevée de l'Apennin, y fit un jeûne de quarante jours, pendant lequel il crut voir un Séraphin crucifié fondant sur lui d'un vol rapide, et lui imprimant des stigmates semblables aux plaies de J. C., dont il conserva depuis les cicatrices : c'est ce qui lui fit donner les surnoms de *Séraphique* et de *Stigmatisé*. Il vécut encore deux ans, toujours rempli de douleur, et encore plus comblé de patience ; puis sentant sa mort approcher, il se fit conduire dans sa ville natale, où ayant réuni les frères de son ordre, il les exhorta de nouveau, et mourut les bras croisés sur la poitrine, le 4 octobre 1226, puis fut canonisé deux ans après par le pape Grégoire IX.

Audran a gravé cette Pièce d'après Annibal Carrache.

PORTE D'ENTRÉE.

115 Angélique et Médor, gravés par MORGHEN. *Voy*. n.° 72. *Epreuve avant la lettre*.

L'honneur de l'Italie, Arioste, dans lequel on trouve des scènes si gracieuses à rendre en peinture, a inspiré T. Matteini lorsqu'il a représenté Angélique et Médor ne pouvant se passer d'être ensemble, se faisant un plaisir de tracer leurs noms et leurs chiffres de mille manières différentes, sur les arbres, sur les rochers, enfin dans tous les endroits qu'ils habitaient.

Le burin doux et gracieux de Morghen a donné tant de charmes à cette pièce, qu'elle a obtenu le plus grand succès. Le prix des épreuves avant la lettre a augmenté d'autant plus que l'auteur en a racheté quelques-unes pour les détruire.

116 Apollon servi par des Nymphes, gravé par EDELINCK. *Voyez n.° 25. Epreuve avant la lettre*.

Ce beau groupe de marbre, sculpté par Girardon, est maintenant placé dans l'antre d'un rocher factice construit, sous le règne de Louis XVI, dans un des bos-

quets du jardin de Versailles. L'auteur a supposé
le dieu du jour venant d'achever sa course ; il est
reçu chez Téthis et servi par ses nymphes.

Cette gravure fait partie des planches du Cabinet
du Roi, gravées par ordre de Colbert. On croit cette
épreuve unique.

AU-DESSUS DE LA PORTE D'ENTRÉE.

117 Les Vertus cardinales, gravées par JEAN VOL-
PATO, né à Bassano, vers 1738; mort à
Rome, vers 1800.

Ce Tableau allégorique est un de ceux que Raphaël
a peints, dans la chambre de la signature au Vatican : il est placé au-dessus d'une des fenêtres, au-
dessous de la partie du plafond où est la figure
allégorique de la Jurisprudence. Par ce rapproche-
ment le Peintre a voulu faire voir que la Prudence, la
Tempérance et la Force doivent toujours accompagner
la Justice.

PORTE D'ENTRÉE; A GAUCHE.

118 Tobie recouvrant la vue, gravé par JEAN DE
FREY, né à Amsterdam vers 1760; vivant à
Paris en 1818. *Epreuve avant la lettre.*

Pendant la captivité des Juifs, Tobie, l'un d'eux,
qui avait toujours craint le Seigneur, tomba dans la
pauvreté; étant devenu vieux et aveugle, Dieu envoya l'ange Raphaël pour le secourir. Sous la conduite de cet ange gardien, qu'il prenait pour un
de ses compatriotes, le jeune Tobie fit un heureux
voyage; puis étant revenu dans la maison paternelle,
l'ange indiqua à Tobie le moyen de rendre la vue

à son père, en lui frottant les yeux avec le fiel du poisson qui avait été près de le dévorer pendant son voyage.

Tobie donc ne connaissant point son conducteur, voulait lui donner beaucoup de biens pour lui témoigner sa reconnaissance : mais alors il lui dit : *Je suis l'Ange Raphaël.* A ces paroles ils furent tous troublés, et étant saisis de frayeur, ils tombèrent le visage contre terre, et l'ange leur dit : *La paix soit avec vous; ne craignez point; il est temps que je retourne vers celui qui m'a envoyé; pour vous, bénissez Dieu, et publiez toutes ses merveilles.* Alors il disparut de devant eux.

Le Tableau original, peint par Rembrandt, se voit dans la Galerie du Musée, sous le n.º 529. En le gravant, Frey a donné une idée exacte de la couleur du maître; la manière dont il s'est servi n'est pas ordinaire, mais elle est touchée avec esprit : l'auteur de cette Pièce, privé depuis long-temps de l'usage de sa main droite, n'a rien perdu de son talent en se servant de l'autre main.

119 Tête de Ptolémée II, gravée par AUGUSTE BOUCHER DESNOYERS, né vers 1780. *Epreuve avant les inscriptions.*

Ptolémée II, roi d'Egypte, auquel on donna le surnom de Philadelphe, à cause de l'amour qu'il eut pour Arsinoé sa sœur, dont il fit sa seconde femme, succéda à son frère Ptolémée Soter, l'an 248 avant J. C. Le commencement du règne de ce prince fut marqué par quelques actes de cruauté; mais une fois affermi sur le trône, il se fit remarquer par ses vertus, sa clémence et son amour pour la paix. C'est à lui qu'on doit l'établissement du Musée d'Alexandrie, asile des gens de lettres, et la fondation de cette immense bibliothèque qui depuis, dit-on, devint la proie des flammes. C'est encore sous son règne que se fit la version grecque des Livres Saints, connue sous le nom de *la Septante*.

Le beau Camée qui occupe le haut de cette planche faisait partie de la collection de l'impératrice Joséphine; il avait appartenu à la Reine Christine de Suède : c'est une sardoine onyx à trois couches, de la même grandeur que la gravure, et d'un travail de la plus grande perfection; il représente la tête de Ptolémée Philadelphe accolée avec celle de sa première femme, qui se nommait aussi Arsinoé.

Les Médailles représentent diverses têtes des Ptolémées et de plusieurs princesses du nom de Bérénice.

Cette Planche fait partie de l'Iconographie grecque publiée par feu M. Visconti.

PORTE DE LA GALERIE; A GAUCHE.

120 Colonne Trajane, gravée par JEAN-BAPTISTE PIRANESI, né à Rome en 1707, où il mourut en 1778.

Cette colonne, seul reste de tous les monumens qui ornaient le forum de Trajan, est d'une si grande beauté que lorsqu'on a voulu élever à Paris, un monument à la gloire de nos armées, on a cru ne rien trouver de mieux, que de faire une colonne dans les mêmes proportions. La colonne Trajane est construite de 34 blocs de marbre; elle a 11 pieds de diamètre et 128 pieds de haut, y compris la statue. Celle qu'on voit dans cette gravure représente Trajan; mais elle est maintenant remplacée par un Saint Pierre en bronze doré.

Les bas-reliefs qui tournent en spirale autour de la colonne, représentent la guerre de Trajan contre les Daces : on y trouve une foule de renseignemens très-utiles sur les usages et les costumes des anciens.

Apollodore, qui en est l'auteur, naquit à Damas; architecte de Trajan, il montra un grand génie, et fut comblé de ses faveurs; mais l'empereur Adrien, ayant éprouvé ses railleries, s'en vengea en le faisant mourir.

AU-DESSUS DE LA PORTE.

121 Le Roi boit, gravé par Pontius. *Voyez η.º 100. Epreuve avant la lettre.*

Le titre de cette Pièce suffit seul pour expliquer cette scène familière. On voit à table un chef de famille avec une grande barbe, ainsi qu'on en portait en Flandre dans le XVII.ᵉ siècle, et à qui le sort a fait tomber la part du gâteau dans laquelle se trouvait la fève, marque de sa royauté. Auprès de lui sont ses enfans et petits-enfans, qui, par leurs cris, démontrent qu'un peu d'ivresse vient augmenter leur gaîté.

Jacques Jordaens, d'après lequel cette Estampe est gravée, n'a pas dédaigné d'abandonner un moment les compositions nobles et élevées pour peindre un sujet comique, où l'on remarque une franchise étonnante.

PORTE DE LA GALERIE; A DROITE.

122 Colonne Antonine, gravée par Piranesi. *Voy. n.º 120.*

Cette Colonne fut construite à l'imitation de la colonne Trajane; mais elle est plus forte et d'une moins belle proportion. Son diamètre est de 15 pieds,

et sa hauteur totale de 175 pieds, y compris la statue
de Saint Paul, par laquelle on a remplacé celle d'Anto-
nin le pieux, qui lui avait fait donner son nom.

Les bas-reliefs représentent la guerre de Marc-Au-
rèle contre les Marcomans, nom sous lequel les Romains ont désigné les habitans de la Bohême et de la
Moravie.

GALERIE ; PREMIER PILASTRE.

123 Sainte Famille, gravée par Poilly. *Voyez
n.º 55. Epreuve avant les contre-tailles sur
le voile.*

Cette Sainte Famille, gravée d'après Raphaël, porte
aussi le nom du *Silence*, plus souvent encore celui *de
la Vierge au linge*. La noblesse, la douceur et la
sainteté se trouvent réunies à la beauté dans la tête
de la Vierge : celle de Saint Jean exprime la joie,
l'admiration et le respect.

Le fond représente une ruine antique près de la
vigne Sachetti, du côté de Saint-Pierre de Rome.

Les Armoiries qu'on voit à gauche sont celles du
marquis de la Vrillière.

124 Sainte Famille, gravée par Edelinck. *Voyez
n.º 25. Epreuve avant les armes.*

De toutes les gravures de la Sainte Famille, celle-ci
est la plus célèbre : bien des motifs réunis semblent
être cause de cette distinction ; c'est un chef-d'œuvre
du graveur, une des meilleures productions de Raphaël ;
c'est aussi un des plus beaux Morceaux du Musée de
France ; et enfin ce Tableau fut envoyé à François I.er,
par Raphaël, en 1518, comme un témoignage de reconnaissance du peintre pour la générosité avec la-

quelle le Monarque lui avait payé son Tableau de Saint Michel.

La Vierge s'incline pour recevoir l'Enfant Jésus qui s'élance avec joie pour l'embrasser; à la droite de la Vierge, Sainte Elisabeth, un genou en terre, tient le petit Saint Jean qui joint les mains; au fond, de l'autre côté, est Saint Joseph, la tête appuyée sur sa main gauche; dans le haut on voit deux anges, dont l'un répand des fleurs.

Plus on regarde cette Estampe, plus on la trouve admirable. Quelle sublimité de composition, quelle grandeur, quelle noblesse dans les têtes! La tête de la Vierge étonne par les grâces qui y sont répandues; elle inspire la vénération et le respect. Que de beautés dans le caractère et dans la figure de l'Enfant Jésus et du petit Saint Jean! quelle fermeté et quelle douceur dans le burin! quelle correction dans le dessin!

125 Sainte Famille, gravée par BOUCHER DES-NOYERS. *Voy. n.° 119. Epr. avant la lettre.*

Cette Estampe est connue sous le nom de la *Belle Jardinière*, sans doute à cause de la simplicité de l'habillement de la Vierge, qui est assise dans une campagne émaillée de fleurs.

Raphaël, toujours sublime dans ses compositions, toujours céleste dans ses têtes de Vierge, a su donner à celle-ci une tendresse respectueuse qu'on peut admirer et qu'il serait difficile de décrire.

GALERIE; DEUXIÈME PILASTRE.

126 Portrait de Rubens, gravé par PONTIUS.

Voy. n.º 100. Epreuve avant les angles couverts de hachures.

Pierre-Paul Rubens, peintre, né à Cologne en 1577, occupe dans l'école flamande un rang semblable à celui de Raphaël dans l'école d'Italie. Né d'une bonne famille, ayant reçu une excellente éducation, sa fortune répondit à ses talens. Il eut la gloire de former un grand nombre d'élèves, parmi lesquels se trouve Antoine Van Dyck, qui devint bientôt son émule. C'est aussi à l'école de Rubens que se sont formés les meilleurs graveurs Flamands, et entr'autres Paul Pontius, qui a gravé ce portrait d'après le Tableau peint par son maître.

127 Portrait de Winius, gravé par Visscher.
Voy. n.º 62. Epreuve avant l'écriture, sur le papier qu'il tient à la main.

Ce Portrait, connu dans le commerce sous le nom de *l'homme au pistolet*, et souvent appelé *Déonizoon*, est celui d'André Winius, fils de Denis. On ne connaît aucune des particularités de sa vie; seulement, on le croit né en Hollande, vers 1600: il passa de bonne heure au service de Russie.

L'inscription et les vers qui sont au bas de son Portrait, disent qu'il fut Consul du Czar de Russie, gouverneur en Moscovie, chargé de la défense des côtes pendant la guerre entre cette puissance et la Suède, puis envoyé extraordinaire en Hollande, où il a toujours montré de grandes connaissances et beaucoup de zèle pour la gloire de son souverain.

128 Portrait d'Amélie-Elisabeth, gravé par Louis de Siegen, né vers 1620.

Amélie-Elisabeth de Hanau épousa, en 1619, Guil-

Iaume V, Landgrave de Hesse-Cassel : elle fut régente et gouverna ce pays avec courage et intelligence pendant toute la minorité de son fils, depuis 1637 jusqu'en 1650. Elle mourut l'année suivante.

Le Portrait de cette princesse, gravé en 1643, est dédié à son fils Guillaume VI, alors âgé de 14 ans.

Cette Pièce, dont l'aspect est peu flatteur, et dont l'exécution ne présente rien d'agréable à l'œil, est d'un grand intérêt non-seulement à cause de sa rareté, mais encore parce qu'elle est gravée par l'inventeur de la manière noire, Louis de Siegen, officier au service du Landgrave de Hesse-Cassel, et que sa date peut servir à fixer la découverte de cette manière de graver, qui, portée depuis par le prince Robert en Angleterre, y fit beaucoup de progrès, et a été exercée avec distinction sous le nom de mezzotinte.

GALERIE; TROISIÈME PILASTRE.

129 Sainte Cécile, gravée par Beisson, né à Aix vers 1760. *Epr. avant les noms d'Artiste.*

Cette même Composition se trouve décrite sous le n.º 33.

M. Beisson a fait cette Planche pour la collection du musée Robillard, dont elle fait un des ornemens.

130 Saint Jean-Baptiste, gravé par Morghen. *Voyez n.º 72. Epreuve avant la lettre.*

Saint Jean-Baptiste, assis sur un rocher au milieu du Désert, est entouré d'une multitude de personnes venues pour l'entendre.

Cette gravure est faite d'après un tableau de Guide Reni. Le Peintre semble avoir voulu représenter le précurseur de J. C. au moment où il dit : *Je suis la*

voix de celui qui crie dans le désert ; rendez droite la
voie du Seigneur.

131 Saint Pierre Nolasque, gravé par CLAUDE MEL-
 LAN, né à Abbeville, en 1601 ; mort à Paris,
 en 1688.

Saint Pierre Nolasque naquit en Languedoc à une
lieue de Castelnaudary, vers 1190, de famille noble ;
il perdit son père à l'âge de 15 ans, et prit alors parti
dans la croisade de Simon, comte de Montfort, contre
les Albigeois. Le Roi d'Arragon ayant été tué, Pierre
Nolasque fut nommé gouverneur du jeune Roi prisonnier, âgé de sept ans. A la cour d'Arragon, Pierre
Nolasque vécut toujours avec la régularité d'un religieux, et devint fondateur de l'ordre de *Notre-Dame de*
la Mercy, pour la rédemption des captifs. Pierre et un
autre gentilhomme furent les premiers rédempteurs
que l'ordre envoya pour racheter les esclaves chrétiens
qui étaient entre les mains des Maures. Pierre Nolasque
vint en France, en 1243, voir le Roi Saint Louis,
et se concerter avec ce pieux monarque pour la déli-
vrance des esclaves pendant la croisade qu'il projet-
tait ; mais l'état de maladie dans lequel tomba Pierre
Nolasque, empêcha l'exécution de son projet. Il vécut
ainsi quelques années ; et n'étant plus libre de faire
aucun mouvement, on dit que des anges le portaient
au chœur afin qu'il assistât à l'office avec ses religieux.
Sa mort arriva en 1256.

La vie régulière de Pierre, et les miracles qui s'opé-
rèrent après sa mort, firent demander sa canonisation,
qui eut lieu en 1628. C'est vers ce temps et pendant
son séjour à Rome que Mellan a gravé cette planche ;
le vaisseau sur lequel il l'envoyait en France ayant
péri, il n'en est resté que peu d'épreuves.

QUATRIÈME CROISÉE; A DROITE.

132 Sainte Cécile, gravée par MARC - ANTOINE. *Voyez n.º* 49.

> Cette même composition se trouve décrite sous le n.º 33; cependant comme elle a été gravée d'après un dessin de Raphaël, elle présente quelques diffé-rences avec les gravures exécutées d'après le tableau.
> Cette épreuve est extraordinaire pour sa vigueur et sa conservation.

133 Un Homme et une Femme chantant, gravés par JÉRÉMIE FALCK, né à Dantzick, en 1629; mort vers 1700.

> Cette scène grotesque est admirable par la vérité de l'expression des deux figures : on y trouve aussi une coupe de burin très-ferme avec une harmonie des plus douces.
> Falck, étant venu jeune en France, reçut les con-seils de Chauveau; il alla ensuite en Hollande et en Suède , et se retira fort âgé dans son pays : il a gravé cette pièce d'après J. Jordaens.

134 Silène et l'Abondance, gravés par SCHELTE DE BOLSWERT. *Voyez n.º* 68.

> Cette composition allégorique de Jacques Jordaens n'est remarquable que par sa couleur. Bolswert a su, par un burin brillant, rendre le mérite principal du tableau. La rareté de cette pièce a contribué égale-ment à la faire rechercher.

QUATRIÈME CROISÉE ; A GAUCHE.

135 Portrait de Brisacier , gravé par MASSON.
Voyez n.º 67. Épreuve avant la lettre.

Guillaume de Brisacier, secrétaire des commande-
mens de la Reine Anne d'Autriche , appartient sans
doute à une famille de Blois , dont l'un des membres
fut aumônier de Louis XIII, et un autre , prédicateur
de la Reine.

Dans les épreuves ordinaires, le nom est écrit dans la
bordure ovale. Il a été gravé, en 1664, d'après le
tableau de Mignard.

136 Portrait de Cureau de la Chambre , gravé par
MASSON. *Voyez n.º 67. Épreuve avant la
contre-taille.*

Marin Cureau de la Chambre, médecin ordinaire du
Roi, naquit au Mans, en 1595. Son esprit et ses connaissances le firent rechercher du chancelier Séguier
et du cardinal de Richelieu ; il fut reçu à l'Académie
française en 1635, et publia plusieurs ouvrages sur
la physique, la médecine et la chiromancie ; il mourut
en 1669, et fut enterré à Saint-Eustache à Paris.

Le portrait original est peint par Mignard. La gravure est de l'année 1665.

137 Portrait de Samuel Bernard , gravé par DREVET.
Voyez n.º 56.

Samuel Bernard, né à Paris en 1651 , était fils d'un
Peintre, professeur à l'Académie de Paris. Placé dans
la banque, il fit une fortune considérable et reçut le titre
de comte de Coubert, puis l'ordre de St.-Michel ; il
mourut à Paris, le 18 Janvier 1739, âgé de 88 ans. Samuel

Bernard est représenté assis, appuyé sur son bureau, et indiquant que, par ses ordres, un grand nombre de vaisseaux parcourent les mers. C'est un des beaux portraits peints par Rigaud.

138 Portrait de Guillaume de Ryck , gravé par VISSCHER. *Voyez n.° 62. Epreuve avant la lettre.*

Guillaume de Ryck, oculiste à Amsterdam, paraît avoir eu une grande célébrité de son vivant, par ses cures nombreuses et étonnantes ; mais n'ayant publié aucun ouvrage et n'ayant fait aucune découverte, son nom n'est point connu en médecine.

139 Portrait de Femme, gravé par JONAS SUYDER-HOEF, né à Leyde, vers 1600.

Une femme, vue de trois quarts, tournée vers la droite, ayant sur la tête un bonnet de gaze noire et une fraise autour du col.

Ce beau Portrait, dont le nom est inconnu, fait honneur à la pointe de Suyderhoef ; le travail de ce maître ne ressemble pas à celui de ses contemporains. Il avançait beaucoup ses gravures avec l'eau-forte, et ne cherchait point à mettre de la régularité dans ses travaux ; mais, avec des points et des tailles courtes jetées pour ainsi dire au hasard, il a donné à ses gravures un effet très-pittoresque, dans lequel on retrouve la couleur brillante et vigoureuse des Peintres hollandais et flamands.

PLAFOND DE LA GALERIE.

140 Coupole de la Chapelle de Sceaux, en 5 feuilles, gravée par AUDRAN. *Voyez n.° 66.*

Cette coupole, peinte à fresque par Charles Le Brun,

10

représente le triomphe du Nouveau-Testament sur l'Ancien. Dieu le père, dans sa gloire, paraît proférer ces paroles : *C'est ici mon fils bien-aimé , écoutez-le !* Plusieurs Anges, disposés autour du groupe principal, tiennent l'arche d'alliance et le chandelier à sept branches ; d'autres jouent de divers instrumens.

C'est Colbert qui avait fait construire et décorer le château de Sceaux, qui a été entièrement détruit en 1795.

141 Le grand Escalier de Versailles , gravé par ETIENNE BAUDET , né à Blois en 1598 ; mort à Paris en 1691.

Il existait au château de Versailles, dans l'aile où est maintenant la petite salle de spectacle, un grand escalier éclairé par le haut, et dont la voûte était ornée de peintures allégoriques , à la gloire de Louis XIV. Les Muses, accompagnées de Minerve et de la Renommée, semblent s'empresser à l'envi de publier les hauts-faits de ce monarque ; les Beaux-Arts et la Poésie se réunissent pour immortaliser son règne et montrer aux quatre parties du monde tout ce qu'il a de glorieux.

Le Brun était l'auteur de ces peintures, qui ont été détruites en 1754 , et que les gravures de Baudet sauvent de l'oubli.

142 Coupole du Val-de-Grâce , en 6 feuilles, gravée par AUDRAN. *Voyez n.º 66.*

L'Italie, si riche en peintures à fresque, n'a point de composition aussi vaste et aussi colossale que celle-ci , qui est due au génie et au pinceau de Pierre Mignard. Dans la partie la plus élevée de la voûte, il a représenté la Sainte Trinité et ses principaux mystères, entourée d'une foule innombrable d'Anges ; au-dessous sont dispersés par groupes les Prophètes, les Martyrs et les Saintes , qui se sont le plus illustrés ; enfin, dans la partie inférieure, on remarque quelques Patriarches, les chefs d'ordre Saint Benoit et Sainte Scolastique, puis, la Reine Anne d'Autriche conduite par Sainte Anne et par Saint Louis, venant faire à Dieu l'hommage de sa couronne, et promettant de faire construire l'église du Val-de-Grâce.

Cette grande composition, dans laquelle on compte plus de 200 figures, dont quelques-unes ont 16 pieds de proportion, fut faite en huit mois, et Mignard eut l'honneur de voir son ouvrage chanté par Molière dans le poëme qui a pour titre : *La Gloire du Val-de-Grâce.*

PILIERS DE LA GALERIE.

143, 144, 145, 146, 147, Arabesques du Vatican, gravées par JEAN VOLPATO *Voyez n.° 117.*

Dans l'immense palais du Vatican, une longue galerie, dont la voûte, décorée de 52 fresques peintes par Raphaël, est aussi ornée d'arabesques dans les embrasures de chaque fenêtre : la variété de ces compositions, leur élégance et leur richesse les ont fait regarder comme une preuve du génie extraordinaire et inépuisable de Raphaël. On lui doit l'invention de ces arabesques, qui ont été peintes sous sa direction par *il Fattore* et plusieurs autres de ses élèves.

Volpato, chargé de graver tous les ouvrages de Raphaël au Vatican, voulut encore donner une idée plus exacte de ces ornemens, dont la couleur fait un des principaux charmes ; il les fit colorier avec soin, et a sauvé ainsi de la destruction du temps, des peintures qui, étant en partie exposées aux injures de l'air, se détériorent sensiblement.

Volpato a la gloire d'être le maître de Raphaël Morghen.

TROISIÈME CROISÉE; A DROITE.

148 Les quatre Bourguemestres, gravés par *SUY-DERHOEF. Voyez n.º 139. Epreuve avant les noms du Peintre et du Graveur.*

Les bourguemestres d'Amsterdam, réunis dans une des salles de l'Hôtel-de-ville, reçoivent la nouvelle de l'arrivée de la reine Marie de Médicis.

Théodore Kayser, dans le tableau original et de même grandeur que cette estampe, avait su vaincre une grande difficulté en représentant cinq personnes vêtues de noir; mais il était encore plus difficile de donner de l'effet et du brillant à une estampe semblable : c'est pourtant à quoi est parvenu Suyderhoef dans cette pièce, qui est son chef-d'œuvre.

On ne connaît que 4 épreuves avec la remarque.

149 Portrait du Roi de Pologne, gravé par BALE-CHOU. *Voy. n.º 63. Epreuve avant la lettre.*

Frédéric Auguste II (*), électeur de Saxe, né en 1696; roi de Pologne en 1735.

Malgré les guerres malheureuses que ce prince eut à soutenir contre Frédéric, roi de Prusse, son goût pour les arts lui fit continuer le projet qu'avait eu le Roi son père, Frédéric Auguste I.er, de publier les Tableaux qu'il avait réunis à Dresde, dans sa galerie. A la tête du tome 1.er de ce bel ouvrage, il voulut faire placer son portrait en pied, peint en 1715, par

_____

(*) Nous avons adopté cette dénomination, quoique l'inscription qui se trouve au bas de l'Estampe porte Auguste III, parce que c'est ainsi qu'il est désigné dans *l'Art de Vérifier les Dates.*

Rigaud pendant son voyage à Paris. On s'adressa à Balechou, dont les talens étaient connus, et qui fit un chef-d'œuvre digne de l'artiste et du prince.

Il avait été convenu que le Graveur livrerait la Planche sans en conserver d'épreuve ; mais Balechou eut la faiblesse de ne pas tenir cette parole et d'en faire tirer quelques-unes avant la lettre, puis d'en vendre une. L'ambassadeur de Saxe, ayant eu connaissance de ce manque de foi, porta plainte contre Balechou ; on fit chez lui une recherche à la suite de laquelle les épreuves qu'on trouva dans ses portefeuilles furent lacérées, et l'Académie de Peinture crut devoir rayer de son Tableau l'artiste coupable. De pareils larcins ont été commis depuis, et n'ont pas été punis par de semblables rigueurs.

L'épreuve, qui n'était plus dans la possession de Balechou, resta long-temps à Paris, dans le Cabinet de M. Daudet, qui s'en défit en 1794. C'est en 1806 que la Bibliothèque en fit l'acquisition ; on peut assurer qu'elle est la seule qui existe avant la lettre : il a pourtant passé dans le commerce trois Epreuves que l'on a regardées comme avant la lettre ; mais elles avaient été déchirées, et restaurées avec soin, ainsi qu'on peut s'en convaincre avec des yeux exercés et en la comparant avec celle-ci qui ne laisse rien à désirer, ni pour la fraîcheur, ni pour la conservation.

TROISIÈME CROISÉE; A GAUCHE.

150 Portrait de Desjardins, gravé par EDELINCK. *Voyez n.º 25. Epreuve avant la lettre.*

Martin Vanden Bogaert, né à Breda en 1640, vint fort jeune à Paris, où il mourut en 1694. Au-lieu de

conserver son nom en hollandais ou de le traduire litté-
ralement en celui de Du Verger, il prit le nom de Desjardins, sous lequel il est connu.

C'est à lui qu'on devait la Statue équestre, en bronze,
de Louis XIV à Lyon; la Statue pédestre de Louis XIV,
qui se voyait à la place des Victoires ; et une autre
en marbre à l'orangerie de Versailles, et qui d'abord
avait été exécutée pour décorer la Place des Victoires.

151   Portrait de Charles I.ᵉʳ, gravé par ROBERT
      STRANGE, né dans l'une des Orcades en 1723;
      mort à Londres en 1795. *Epreuve avant la
      lettre.*

Charles I.ᵉʳ, roi d'Angleterre, né en 1600, épousa
Henriette de France, fille de Henri IV ; son règne,
orageux dès son avénement à la couronne, se termina
par une catastrophe affreuse, qui fait voir que les peuples policés ne sont pas toujours exempts de barbarie.

Ce Portrait, gravé d'après un Tableau de Van Dyck,
représente ce monarque en habit de chasse, accompagné d'un page qui tient son cheval.

DEUXIÈME CROISÉE; A DROITE.

152   Phaëton, gravé par WOOLLETT. *Voy. n.º* 60.
      Epreuve avant la lettre.

Dans un riche paysage, représentant un site d'Italie, au soleil couchant, Richard Wilson a supposé
Phaëton venant supplier le Dieu du jour de lui laisser
conduire le char du soleil. Ses trois sœurs les Héliades,
semblent déjà s'affliger et prévoir le chagrin que leur
causera la mort de ce jeune présomptueux.

Le Tableau original est dans la Collection du duc

de Bridgewater. Il n'y a eu qu'un très - petit nombre
d'Epreuves avant la lettre.

153 Portrait en pied de Louis XVI, gravé par
BERVIC. *Voy*. *n.*º 105. *Epreuve avant la
bordure.*

Ce Portrait, gravé d'après Callet, est remarquable
par la beauté et la vigueur de son exécution; il a
commencé à faire connaître de la manière la plus
avantageuse le graveur qui, depuis, s'est également distingué par plusieurs autres Pièces.

Louis XVI, né en 1754, monta sur le trône en
1773 et régna jusqu'en 1793.

Les Epreuves avant la lettre sont devenues rares,
plusieurs ayant été déchirées en 1793. On ne connaît
que deux Epreuves avant la bordure terminée.

DEUXIÈME CROISÉE; A GAUCHE.

154 Niobé, gravée par WOOLLETT. *Voyez n.*º 60.

Ce Paysage, peint par Richard Wilson, est dans
la Collection du duc de Cumberland. L'auteur a représenté Apollon et Diane cherchant à faire périr les
enfans de Niobé, afin de punir cette malheureuse
mère d'avoir osé croire que sa fécondité lui donnait la supériorité sur Latone.

155 Louis XIV en pied, gravé par DREVET. *Voyez
n.*º 64.

Louis XIV naquit à Saint-Germain, en 1638, et
monta sur le trône à l'âge de cinq ans; il mourut en
1715. Pendant l'espace de son règne, qui dura 62 ans,
il ne se contenta pas de conserver à la France la pré-
pondérance que lui avaient acquise les talens de
Henri IV et de Sully, aussi bien que la politique de

Louis XIII et du cardinal de Richelieu. Il sut encore l'élever au-dessus des autres nations, en faisant fleurir à-la-fois les Sciences, les Lettres et les Arts.

Ce beau Portrait, peint par Rigaud, est un des meilleurs modèles qu'on puisse présenter aux Graveurs, pour la variété des travaux et la manière dont ils sont aproprié aux objets que le Graveur a voulu rendre. L'hermine, sur-tout, est un chef-d'œuvre, l'auteur ayant su conserver la blancheur qui distingue cette fourrure, tout en lui donnant l'effet nécessaire dans les parties ombrées.

PREMIÈRE CROISÉE; A DROITE.

156 Testament d'Eudamidas, gravé par JEAN PESNE, né à Rouen en 1623; mort à Paris en 1700. *Epreuve avant les contre-tailles sur le bois de la lance placée le long du mur.*

Eudamidas, citoyen de Corinthe, mourant sans fortune, mais comptant sur ses amis, dicte son testament, et dit : *Je laisse ma mère à Arétée, afin qu'il la nourrisse; à Carixène, ma fille, afin qu'il la marie et la dote autant qu'il le pourra.*

En ne considérant dans la gravure que l'agrément des tailles, on est forcé de convenir que Pesne ne peut être placé d'une manière avantageuse; mais on doit lui rendre cette justice, que, par un travail qui lui est particulier, il a rendu parfaitement la sévérité et la noblesse du Poussin, que la France doit mettre au premier rang de ses Peintres.

157 Portrait de Louis XVIII, gravé par AUDOUIN. *Voyez n.º 35.*

Le Roi, debout, en grand habit et en manteau. Tableau peint par Gérard, exposé au salon de 1814.

158 Portrait de Vondel, gravé par JEAN LIEVENS,
né à Leyde, le 24 Octobre 1607. *Epreuve
avant la lettre.*

Juste Vondel, poète hollandais, né en 1587, mourut
en 1679. Il quitta la secte des Anabaptistes, dans laquelle il était né, pour embrasser la religion catholique.

Destiné au commerce, il abandonna à sa femme le
soin de sa maison pour se livrer entièrement à l'étude
de la littérature, ce qui nuisit beaucoup à sa fortune
et lui occasiona bien des chagrins.

Ses œuvres ont été imprimées en 9 vol. in-4°. On
trouve dans ses ouvrages de l'imagination et du brillant,
mais peu de méthode; ses tragédies péchent toutes par
le plan. Cependant, il occupe un rang élevé dans la
littérature hollandaise, et il est regardé comme le Sha-
kespear de ce pays.

Lievens, élève de Rembrandt, dessinait plus correctement que lui; cherchant à imiter la manière de graver de son maître, il s'en est formé une particulière en
employant la pointe ou le burin, sans qu'on puisse
voir ce qui le déterminait à donner la préférence à l'un
ou à l'autre de ces outils.

159 Portrait du Poussin, gravé par PESNE. *Voyez
n.° 156. Epreuve avant les noms d'auteur
dans le fond du tableau.*

Nicolas Poussin, né aux Andelys, en Juin 1594, vint
de bonne heure à Paris, et fut reçu dans l'atelier de
Ferdinand Helle, Peintre de portraits. Il quitta bientôt
cette ville pour aller à Rome, où il habita toute sa vie,
à l'exception d'un voyage qu'il fit à Paris, en 1640.
Il mourut à Rome, le 19 Novembre 1665, après avoir
fait un grand nombre de tableaux, dont plusieurs
jouissent de la plus haute réputation.

Raphaël en Italie , Rubens en Flandre , et Poussin en France , sont les trois Peintres à qui la palme est décernée sans partage ; et si Marc-Antoine a contribué à la gloire de Raphaël, et Bolswert à celle de Rubens , Jean Pesne sut tellement saisir le caractère des peintures du Poussin, qu'il s'est en quelque sorte identifié avec elles , et que ses gravures ont toutes le mérite des eaux-fortes gravées par les Peintres eux-mêmes.

Le Portrait du Poussin, peint par lui-même à Rome , en 1650, fut envoyé par lui à M. de Chanteloup, son ami.

160 Portrait de Bouma , gravé par VISSCHER. *Voyez n.º 62. Epreuve avant l'année.*

Gélius Bouma , ministre luthérien à Zutphen , à l'âge de 77 ans ; vu à mi-corps, la main appuyé sur un livre. Ce chef-d'œuvre, connu dans le commerce sous le nom de *la Grande-Barbe* , est remarquable par la beauté du travail et la vigueur du burin.

PREMIER PILIER AU MILIEU DE LA GALERIE.

161 Portrait du Roi Jean.

C'est au règne du roi Jean, dit *le Bon*, mort en 1364, que remonte l'origine de la Bibliothèque ; c'est donc dans cet établissement mieux que dans tout autre, qu'il était naturel de placer un portrait de ce prince , fait de son temps. Cette peinture est une espèce de gouache ou de peinture à la colle. On prétend devoir attribuer ce Tableau à Jean de Bruges, qui était Peintre du Roi Charles V, dit *le Sage*.

La bordure a été faite, à ce qu'on croit, du temps de Louis XII ; elle a été détériorée en 1793.

TABLE CHRONOLOGIQUE
DES GRAVEURS

DONT LES OUVRAGES SONT DÉCRITS DANS CETTE NOTICE.

~~~~~~~~~~~~~

L'Année est celle de la naissance du Graveur; on a mis un point d'interrogation lorsque cette Année n'est point connue avec précision; elle est entre parenthèses lorsqu'elle est prise d'après les probabilités tirées de la date de ses travaux.

Le Nom de pays est celui où est né le Graveur; lorsque ce Nom est en italique, il indique le pays qui, par les études et les travaux de l'Artiste, est devenu sa patrie adoptive.

Le Chiffre placé au bout des lignes indique le N.° d'ordre de l'Estampe.

~~~~~~~~~~~~~

TABLE ALPHABÉTIQUE

DES NOMS ET DES MATIÈRES.

~~~~~~~~~~~~~~~~~~~~

Le Chiffre indique le N.º d'ordre de l'Estampe, et non pas celui de la page ; les noms de Peintres *et de* Graveurs *sont en capitales.*

A

B

F

G

H

Z

FIN DE LA TABLE.

www.ingramcontent.com/pod-product-compliance
Lightning Source LLC
Chambersburg PA
CBHW071837090426
42737CB00012B/2275